Abschied als Anfang

Verena Kast

Abschied als Anfang

Leben ist Wandlung

Patmos Verlag

VERLAGSGRUPPE PATMOS

PATMOS
ESCHBACH
GRÜNEWALD
THORBECKE
SCHWABEN
VER SACRUM

Die Verlagsgruppe
mit Sinn für das Leben

MIX
Papier | Fördert gute Waldnutzung
FSC® C014496

Die Verlagsgruppe Patmos ist sich ihrer Verantwortung gegenüber unserer Umwelt bewusst. Wir folgen dem Prinzip der Nachhaltigkeit und streben den Einklang von wirtschaftlicher Entwicklung, sozialer Sicherheit und Erhaltung unserer natürlichen Lebensgrundlagen an. Näheres zur Nachhaltigkeitsstrategie der Verlagsgruppe Patmos auf unserer Website www.verlagsgruppe-patmos.de/nachhaltig-gut-leben

Bibliografische Information der Deutschen Nationalbibliothek
Die Deutsche Nationalbibliothek verzeichnet diese Publikation in der Deutschen Nationalbibliografie; detaillierte bibliografische Daten sind im Internet über http://dnb.d-nb.de abrufbar.

Verlagsgruppe Patmos in der Schwabenverlag AG, Ostfildern
www.verlagsgruppe-patmos.de

Umschlaggestaltung: Finken & Bumiller, Stuttgart
Gestaltung, Satz und Repro: Schwabenverlag AG, Ostfildern
Druck: GGP Media GmbH, Pößneck
Hergestellt in Deutschland
ISBN 978-3-8436-1551-8

Inhalt

Einleitung

Letztlich ist das Leben unverfügbar, die Zukunft ist offen, nicht festgelegt. Das ermöglicht es uns, immer wieder etwas neu zu beginnen, kreativ zu sein, Möglichkeiten auszuloten, im Fluss des Lebens zu sein. Wann immer wir aber auch etwas beginnen, tritt anderes in den Hintergrund – oder wir verlieren es sogar. Jede kreative Handlung ist in diesem Sinne auch destruktiv. Dieser Dynamik entspricht, dass Menschen geboren werden, in eine Weltgeschichte und in eine Familiengeschichte hinein, dass Menschen aber auch letztlich sterben müssen. Geburt und Tod finden im Miteinander der Menschen statt.

Geburt und Tod – das prägt unser Leben, wobei die Geburt als etwas sehr Positives, Lichtvolles gesehen wird, der Tod als Gegensatz dazu als düster, dem man nicht entkommt, ein Verhängnis, das es zu vermeiden gilt. Wir können aber nichts Neues beginnen, wir können nicht im Fluss des Lebens sein, wenn wir nicht immer auch etwas loslassen, etwas sterben lassen, etwas enden lassen können. Wenn wir den Tod akzeptieren können, werden uns das Leben und das Lebendigsein kostbar.

Ein gutes Leben entsteht, wenn wir den beiden Strömungen Platz einräumen in unserem Leben: wenn wir Abschied nehmen von Überlebtem, loslassen, so dass wir die Hände wieder frei haben, um Neues anzugehen, und dieses auch tatsächlich tun. Die Frage, wie wir mit dem letzten Tod umgehen, färbt auch unseren Umgang mit den alltäglicheren und ebenso mit den nicht so alltäglichen Verlusten. In einer Zeit wie der unseren, in der viele, wohl grundlegende Veränderungen uns beunruhigen, scheint es mir wichtig, diese Grundbewegungen des Lebens zu bedenken und dabei vor allem auch den Trauerprozess als paradigmatischen Prozess des Umschlags von Verlust zu einem neuen sich Einlassenkönnen auf das Leben mit neuen Vorstellungen zu verstehen.

In diesem Buch versuche ich, diese Grundbewegungen des Lebens unter dem Stichwort der „abschiedlichen Existenz" als einer Haltung von verschiedenen Seiten aus zu beleuchten und dadurch Anregungen für den Umgang mit der Endlichkeit, aber auch mit der Geburtlichkeit zu geben. Der Text ist aus Vorlesungen auf den Tagungen der Internationalen Gesellschaft für Tiefenpsychologie (IGT) 2022 und 2023 entstanden. Die spontane Art mündlicher Formulierung wurde beibehalten.

Ich danke meiner Lektorin Dr. Christiane Neuen für die wie immer sehr angenehme, inspirierende Zusammenarbeit.

I. Alles kann auch anders sein …

Die Zukunft ist ungewiss, unverfügbar und offen

Vieles in unserem Leben ist ungewiss, unverfügbar und entzieht sich unserer Kontrolle. Wir nehmen an, dass wir eine offene Zukunft haben; wie diese aussehen wird, das entnehmen wir unseren Vorstellungen – wir verlängern die Gegenwart, oder auch einen Teil der Vergangenheit, in die Zukunft in unserer Imagination, reichern diese an mit unseren Wünschen für ein gutes Leben, oder aber wir verdüstern sie mit unseren Befürchtungen. Ob all das so eintrifft, wie wir es uns vorstellen, wissen wir nicht. Und meistens kommt es bekanntlich anders, als man denkt. Nicht unbedingt schlechter, es kann auch besser sein.

Die Zukunft ist unverfügbar. Was in der Zukunft geschehen wird, ist ungewiss. Vieles ist unvorhersehbar – es gibt viele Kontingenzen, Zufälligkeiten –, und wir Menschen hätten es doch gerne vorhersagbar, damit wir uns auch darauf einrichten können. Und so gehen wir oft davon aus, dass unsere Vorstellungen von der Zukunft sich in der Zukunft auch realisieren müssen. Natürlich gibt es auch Vorhersagen, auf die wir uns beziehen können: Es gibt die Wahrscheinlichkeiten, die durchschnittliche Erwartung, und dennoch bleiben Ereignisse in der Zukunft unsicher. Um diese Wahrscheinlichkeiten bemühen wir uns sehr: Wir Menschen geben uns große Mühe zu wissen, was immer man wissen kann, zu kontrollieren, was immer man meint, kontrollieren zu können, Prognosen zu stellen – und wo das nicht geht, befragen wir ein Orakel. Wir versuchen mit allen uns zur Verfügung stehenden Mitteln, die Bedrohungsszenarien zu minimieren. Und trotz aller Anstrengungen kommt es doch wieder anders, als man es sich vorgestellt hat. Man kritisiert, die Voraussagen seien zu wenig präzise, aber sie können nicht wirklich präzise sein, denn die Zukunft ist letztlich unvorhersehbar – das ist eine anthropologische Konstante. Vom vermeintlich sicher Erwartbaren müssen wir immer wieder Abschied nehmen. Der Angst können wir Menschen nicht entgehen: Wir entwickeln Vorstellungen der Bedrohung, und die Vorstellungen der Zuversicht treten in den Hintergrund.

Die Zukunft ist unverfügbar, deshalb geheimnisvoll, voll von Versprechen, voller Abgründe. Und das weckt auch unser Interesse, nicht nur die Angst. Die Emotion „Interesse" ist bezogen auf die Zukunft, aber sie ist von einer ganz anderen Stimmung getragen als die Angst: Etwas Spannendes wird erwartet, etwas, das einen mit neuem Lebenselan erfüllt, man macht sich Vorstellungen von etwas Faszinierendem, Aufregendem – oder vielleicht auch nur von etwas noch nicht Gekanntem. Vielleicht ist auch eine leise Angst damit verbunden, gerade so viel, dass Angstlust spürbar wird.

Interesse kann sowohl der Liebe zum Unbekannten entspringen, man spricht dann von einer Interessensneugier, als auch der Intoleranz gegenüber dem Unbekannten, der Deprivationsneugier.[1] Interessensneugierige lieben das Gefühl der Ungewissheit, sehen

Ungewissheit als interessante Herausforderung, etwas Neues zu erfahren, kreativ zu sein. Sie gehen optimistisch an die Unsicherheit heran, hoffen auf positive Entdeckungen. Deprivationsneugierige fühlen sich dagegen mit Unsicherheit weniger wohl; etwas nicht zu wissen, ist ihnen unangenehm. Dementsprechend versuchen sie, möglichst viel zu lernen und zu erfahren, um Negatives zu vermeiden, um gegen Bedrohungen gewappnet zu sein. Whitecross und Smithson, die aufgezeigt haben, dass diese zwei Formen von Interesse auch eine Möglichkeit sind, angesichts der Unsicherheit der Zukunft die Emotionen zu regulieren, kommen zum Schluss, dass beide Formen des Interesses wichtig sind. Sie raten aber dennoch den Deprivationsneugierigen, die in ihrer Neugier ausdauernder sind als die Interessensneugierigen, sich mehr in positiven Spekulationen zu üben, zur Neugier aus Interesse zu schwenken, weniger die Angst abwehren und sich mehr der kreativen Lust zuzuwenden.[2] Es gibt nicht nur die Angst vor der ungewissen Zukunft, es gibt auch die Lust auf Neues; es gibt nicht nur die Szenarien der Katastrophe, es gibt auch hoffnungsgesättigte Vorstellungen von der Zukunft.

Die Zukunft ist offen: Wie wirkt das auf uns? Sehen wir einen gähnenden dunklen Abgrund oder blühende Bäume? Angst oder freudiges Interesse? Dass die Zukunft unverfügbar ist, kann faszinieren, öffnet Spielräume für Entscheidungen, fordert unsere Imagination, die Vorstellungskraft, die Kreativität heraus. Es könnte so oder auch so sein – die nahe Zukunft scheint uns noch überschaubar. Aber dann ändern sich plötzlich die Rahmenbedingungen, und man muss wieder improvisieren. Wir haben nicht alles im Griff, können nicht alles im Griff haben, und das ist nicht unser persönliches Versagen, das ist so, weil die Zukunft unverfügbar ist, weil dies das Leben ist, wie es ist. Beim Alten können wir auch nicht bleiben, so vieles vergeht, geht verloren. Wir Menschen beginnen ja auch gerne etwas Neues – und das können wir, weil unvorhersehbar ist, was in der Zukunft geschehen wird. Wir beginnen etwas, und dann entwickelt es sich, und wir haben keine Kontrolle über die Folgen: Andere Menschen beteiligen sich, Rahmenbedingungen ändern sich, und wir Menschen selbst sind auch nicht sehr zuverlässig … Wir haben die Freiheit der Wahl, aber wenn wir wählen, schließen wir viele andere Optionen aus – und: Was sind die Wirkungen dieser Wahl? Hat sie gravierende Nachteile für andere Menschen? Wenn wir Neues in die Welt setzen, ist letztlich unvorhersehbar, was damit geschieht. Es ist ein Risiko, wir können scheitern. Und dennoch sind wir meistens zuversichtlich, dass es schon „funktionieren", zu einem guten Ende führen wird. In traditionellen Gesellschaften hat der Glaube geholfen, wenn man konfrontiert war mit Nichtwissen, mit Schicksal, das nicht zu kontrollieren war; heute versucht man, Unsicherheitszonen zu kontrollieren, mit Macht, mit Kooperation, mit Konkurrenzstreben. Doch das hilft immer nur vorübergehend: Die Unsicherheit ist ein Strukturelement des menschlichen Lebens, Zusammenlebens und Handelns.

Alles ist immer im Fluss, verändert sich, kann immer auch anders sein. Gewiss ist allerdings, dass wir sterben werden. – Noch.

Die eine Gewissheit: Tod und Geburt

In diesem so ungewissen Leben gibt es aber Gewissheiten: Alle Menschen sind Sterbliche, der Tod ist uns gewiss – wenn es auch ungewiss ist, wann und wie er uns ereilt. Und es ist auch gewiss, dass immer wieder Menschen geboren werden, dass sich mit jedem Menschen, der geboren wird, auch ein Raum von Möglichkeiten eröffnet.

Und: Der Tod des Nächsten ist auch gewiss. Und dieser Tod ist uns näher als der eigene Tod, weil wir mit dem großen Verlust, der großen Veränderung im Leben leben müssen; wir müssen überleben, wir dürfen überleben. Nirgends wie beim Tod des Nächsten wird uns so deutlich, dass mit jedem Menschen, der stirbt, eine „ganze Welt" untergeht: das Beziehungsnetz, das er gestaltet, die Werke, die er im Laufe des Lebens hervorgebracht hat, das Wissen, das er oder sie angesammelt hat, die Weisheit, das Können, die Freuden, die Krisen, die er oder sie bewältigt hat, wie er als einmalige Person in der Welt war, was ihn oder sie letztlich ausgemacht hat.

Tod, das bedeutet immer auch ein endgültiges Ende, Geburt einen radikalen Anfang. Bei jeder Geburt beginnt etwas Neues, eine neue Welt entsteht. Im Leben beenden wir immer wieder etwas, wir beginnen aber auch immer wieder etwas. Unsere Sterblichkeit und damit die Erfahrung von Vergänglichkeit müssen wir mit unserer Fähigkeit zusammensehen, immer auch neu beginnen zu können. Nicht nur die Sterblichkeit ist uns gewiss, sondern auch die Natalität, die Geburtlichkeit, wie Hannah Arendt das nennt.[3]

2. Vom Umgang mit Sterblichkeit und Geburtlichkeit

„Abschiedlich leben"

Abschiedlich leben meint, dass man sich einlässt auf das Leben, es gestaltet, dass man auch immer wieder etwas loslässt, wenn es notwendig ist. Abschiedlich zu leben ist die Antwort auf das existentielle Grundthema von Sterbenmüssen und Geborenwerden, so Wilhelm Weischedel. Der Philosoph Weischedel, von dem der Ausdruck „abschiedlich leben" stammt, schreibt: „Die Abschiedlichkeit ist die gemäße Antwort des Skeptikers [dessen, dem alles fraglich ist, V. K.] auf den Anblick der Vergänglichkeit, die alles Wirkliche bestimmt und durchherrscht."[4]

Weil wir Menschen sterblich sind, müssen wir auch schon im Leben immer wieder von vielem, in dem wir uns aufhalten, Abschied nehmen. Es ist ein Abschied in zwei Richtungen: Abschied in Bezug auf uns selbst, indem wir von Selbstbildern immer wieder Abschied nehmen müssen, denn auch wir verändern uns ständig, aber auch Abschied in Bezug auf die Welt, in der wir heimisch sind, die sich aber ständig verändert, so dass wir uns nicht mehr heimisch fühlen.

Das ist eine recht radikale Form des abschiedlich Existierens, und das abschiedliche Existieren ist in Weischedels Verständnis eine Grundhaltung dem Leben gegenüber, das eben den Tod und damit ein Ende, ein immer wieder Enden – nicht nur ein einziges Ende, sondern ein immer wieder Enden und damit aber auch ein immer wieder Beginnen – kennt und akzeptiert. Den letzten Triumph – das wissen wir alle – aber hat das Ende. „Denn der Tod", so Weischedel, „ist nicht nur der mehr oder weniger ferne Abschluß des Lebens; er ragt in jedem Moment in dieses herein. In jedem Verschwinden der Zeit, in jedem Älterwerden ist er gegenwärtig."[5]

Das Sich-Verändernde und das Vertraute

Stellen wir uns ein Bächlein vor, das fließt. Wir können die Umgebung wahrnehmen, in der dieses Bächlein fließt – und das Wasser fließt immer weiter. Vielleicht sehen wir, wie das Bächlein breiter wird, neue Zuflüsse hat, auch anders klingt. Kommt das Wasser zu einer Stelle mit vielen Steinen, kann es etwas aufgehalten, gestaut werden; aber das Wasser findet seinen Weg. Alles fließt, alles verändert sich, nichts muss bleiben, wie es ist, nichts kann bleiben, wie es ist: abschiedlich, aber nicht nur unter dem Aspekt des Immer-weitergehen-Müssens, sondern auch unter dem Aspekt, dass immer wieder neues Wasser nachkommt, dass es eine Quelle gibt, die immer wieder etwas neu werden lässt. Und da ist auch Bleibendes: die größeren Steine, die Umgebung, die Bäume.

Angesichts von Unsicherheit fragt man nach Vertrautem. Die Unverfügbarkeit der Zukunft auch mit den unvorhergesehenen Folgen unseres Handelns – sie ist auch eingebettet in die stabile Beschaffenheit der Welt. Das sind die Dinge, die uns umgeben: das Haus, die Naturdinge, Steine, Berge, Bäche, Pflanzen, schöne Dinge, die kulturellen Artefakte. Diese Aspekte arbeitet Aida Bosch[6] in Auseinandersetzung mit Heidegger, Plessner und Scheler heraus. Es geht um die Verlässlichkeit des schon immer Vorhandenen, dem wir uns auch zugehörig fühlen und das „immer" vorhanden ist.

Wilhelm Weischedel

Wilhelm Weischedel wurde 1905 in Frankfurt am Main geboren, 1975 starb er in Berlin. Als Philosoph war er Professor an der Freien Universität Berlin.

Weischedel wuchs in einem pietistischen schwäbischen Elternhaus auf, besuchte die Schule in Stuttgart, machte dort Abitur, studierte dann in Marburg zunächst Theologie bei Paul Tillich und Rudolf Bultmann und anschließend Philosophie bei Martin Heidegger und Nicolai Hartmann. Er promovierte 1933 bei Heidegger in Freiburg mit einer Arbeit über das Wesen der Verantwortung. Aufgrund der politischen Situation kam es zu einer Entfremdung zwischen ihm und Heidegger: Weischedel bekam keine Stelle an der Universität, und er arbeitete zunächst – obwohl habilitierter Philosoph – als Prüfer bei der Wirtschaftsberatung Deutscher Gemeinden. Nach dem Krieg durfte er dann endlich lehren: Ab 1946 war er außerordentlicher Professor in Tübingen und ab 1953 ordentlicher Professor für Philosophie an der Freien Universität Berlin.

Eine seiner wichtigsten Veröffentlichungen ist sein 1976 erschienenes Buch *Skeptische Ethik*[7].

Weischedel verstand sich als „skeptischer Philosoph". „Skeptiker" gab es unter den Philosophen schon seit der Antike: Alles, was ist, muss einer genauen Prüfung unterzogen werden. Philosophen der Gegenwart, die sich Skeptiker nennen, untersuchen die Vielfalt der möglichen Aspekte einer Situation, legen sich nicht leicht fest, sind überzeugt davon, dass vieles, auch Widersprüchliches, möglich ist. Die Skeptiker verstehen sich als Gegenprogramm zu den Dogmatikern, die von sich behaupten, beweisbare, richtige Aussagen über die Wirklichkeit machen zu können. Im Skeptizismus geht man grundsätzlich davon aus, dass es verschiedene Aspekte einer Sache gibt. Unter Skeptizismus fallen die philosophischen Richtungen, die das systemische Hinterfragen zum Prinzip des Denkens erheben. Dieses Denken steht auch hinter unserem heutigen Wissenschaftsverständnis. Es geht nicht einfach um den blanken Zweifel, den man oft mit Skeptizismus verbindet, sondern um das systematische Hinterfragen von dem, was ist. Die Konsequenz ist: Es gibt nicht die *eine* Wahrheit, sondern es gibt verschiedene Wahrheiten, sogar eher Wahrscheinlichkeiten, und um die muss man sich immer wieder neu bemühen. Da die Skeptiker bezweifeln, dass es ein *einziges* Wahrheitskriterium gibt, stehen sie immer im Konflikt mit den Dogmatikern, die eben in der Regel eine Wahrheit haben. Skeptiker erforschen und sie denken gründlich nach, gemäß ihrer Überzeugung: Es gibt eine Vielfalt von Erkenntnissen, und diese Vielfalt muss man in ihrer Vielfalt stehen lassen. Die Skeptiker folgen dem, was sich für sie bewährt hat. Angesichts der vielen möglichen Sichtweisen haben sie Schwierigkeiten, sich auf etwas Bestimmtes festzulegen; sie verteidigen auch nicht, was sie vermuten, denn andere Sichtweisen können ebenso gültig und auch ebenso sinnvoll sein.

Die skeptische Position, die Weischedel einnahm, ist auch eine typische Position in der Geistesgeschichte nach dem Zweiten Weltkrieg. Man spricht sogar gelegentlich von der skeptischen Generation.[8] Diese Generation konnte oder wollte nach dem Krieg nicht mehr so einfach an Dogmen glauben.

Weischedel geht davon aus, dass man das tiefste Wesen der Wirklichkeit nicht einfach ergründen kann, sondern dass man immer danach fragen muss. Man weiß auch nicht, ob das Leben einen Sinn hat oder sinnlos ist. Aber man muss konstant danach fragen, statt dogmatisch darüber zu befinden.

3. Grundhaltungen als Basis der skeptischen Ethik

Offenheit, Abschiedlichkeit und Verantwortlichkeit als Grundhaltungen

Offenheit

Offenheit bedeutet, dass man sich grundsätzlich offenhält für neue Möglichkeiten: Es gibt nicht nur die eine Möglichkeit, an der man meint, festhalten zu müssen, sondern es gibt immer mehrere, auch unerwartete Möglichkeiten. Zur Offenheit gehört auch die Zuwendung zu anderen Menschen und zur Welt, aber immer schon mit dem Gedanken der Abschiedlichkeit im Hintergrund. Beziehungen zu anderen Menschen, aber auch zu den Dingen der Welt werden von Weischedel als wichtig erachtet und damit verbunden die Entschlossenheit, die Zukunft zu gestalten, die Welt zu verändern.[9] Aber alles immer auch auf Widerruf. Miteinander immer wieder etwa neu zu beginnen.

Abschiedlichkeit

Abschiedlichkeit versteht Weischedel als die Einwilligung in ein kontinuierliches Abschiednehmen. Menschen müssen immer wieder Abschied nehmen von dem, was uns lieb, wichtig und vertraut ist, aber auch von dem, was uns Halt und Orientierung gibt und unseren Alltag bestimmt: Beziehungen, beruflichen Situationen, Denkprozessen, auch einem „Engagement".

Folgt aus der Offenheit, dass man sich mit anderen zusammen engagiert, so folgt aus der Abschiedlichkeit, dass wir unsere Engagements immer auch wieder hinterfragen. Ich meine, so falsch ist das nicht. Wir können auch Engagements haben, die mit der Zeit gar nicht mehr wichtig sind, und wir hinterfragen sie nicht, wir haben uns an sie gewöhnt. Wenn wir aber jedes Engagement schon hinterfragen, bevor wir uns überhaupt wirklich engagiert haben, dann handeln wir nicht. Abschiedlich zu leben heißt auch, nicht nur Distanz zu unseren „Engagements" zu haben, sondern auch Distanz zur Welt; heißt, die Welt nicht zu sehr an sich herankommen zu lassen, aber dennoch offen zu sein für sie mit ihren Notwendigkeiten. Wir brauchen Ambiguitätstoleranz.

Ambiguität heißt, dass wir mehrdeutige und widersprüchliche Situationen haben, die widersprüchliche Handlungsweisen auslösen. Toleranz würde heißen, dass wir lernen, sie zu ertragen. Ambiguitätstoleranz bedeutet zu üben, Unsicherheit auszuhalten, mit Mehrdeutigkeit zu leben. Emotionspsychologisch heißt das, mit einer Grundangst umzugehen, auszuhalten, dass sich alles verändern kann, damit zu rechnen, dass sich alles verändern kann und man dennoch in der Lage ist, das Leben zu bestehen.

Verantwortlichkeit

Die dritte Haltung ist die der Verantwortlichkeit. Es geht um die Gestaltung des Daseins. Wir müssen für das, was wir für richtig halten, Verantwortung übernehmen, auch wenn es morgen schon wieder anders sein kann. Mut zur Distanz ist gefragt, Mut, das, was man gerade gestaltet hat, auch wieder aufzugeben. Für Weischedel gibt es eine innere Freiheit, wenn wir in Grundoffenheit und Verantwortlichkeit für das Leben das abschiedliche Existieren im Blick haben. Man kann sich auf das Leben einlassen und kann auch wieder loslassen.

Abschiedlich leben

Die Forderung nach einem abschiedlichen Leben ist einem Leben angemessen, das den Tod kennt und ihn ernst nimmt, auch im Hereinwirken ins aktuelle Leben. Andererseits besteht die Gefahr, dass man zu rasch loslässt, zu schnell in Abschied einwilligt, so dass einem das Leben unter den Händen zerrinnt. Wenn so viel Abschiedlichkeit gefordert wird, zeigt sich die Notwendigkeit des Bleibenden – zumindest auf Zeit. Das Bild von einem Nomaden könnte einer guten Abschiedlichkeit nahekommen: der Nomade, der immer wieder weiterzieht, sich dann aber auch wieder niederlässt, auf Zeit, der bleibt, solange sich Menschen und Vieh ernähren können, und der dann auch wieder weiterzieht. Abschiedlichkeit und Sich-Niederlassen: Es gibt nicht nur den Abschied, es gibt auch das Bleiben.

Abschiedlichkeit, der Tod in Form der Vergänglichkeit, durchwirkt alles Wirkliche. Nichts bleibt, nichts ist beständig. Das erste graue Haar, der ausgefallene Zahn, Gegenstände, die nicht mehr benutzt werden, die schwindende Lebenszeit, Älterwerden – all dies kann man unter dem Aspekt der Abschiedlichkeit verstehen. Menschen, die zum eigenen Leben gehörten, sterben, gar nicht nur die Nächsten, sondern Schriftsteller, Politikerinnen, Menschen, die Zeitzeugen waren. Die Natur verändert sich: Bäume, die groß geworden sind, gefällt werden, Bäume, die in einem Sturm entwurzelt wurden.

Die Vergänglichkeit weist darauf hin, dass alles fragwürdig ist – einer Frage würdig. Die Abschiedlichkeit ist bei Weischedel mit der Stimmung der Melancholie verbunden; sogar in der Freude, so meint er, wäre diese schwermütige Melancholie noch erlebbar.[10] Für mich ist es eher eine wehmütige Melancholie: Melancholie, der Abschiedlichkeit geschuldet, und Freude, dem Leben verbunden, sind beide wichtig und bestimmend. Die Abschiedlichkeit ernst zu nehmen, meint für Weischedel, im Leben das Sterben zu lernen. Mir ist das zu einseitig: Gerade wenn wir sterben lernen, lernen wir auch zu leben. Um abschiedlich leben zu können, muss man die Bindungen sehr ernst nehmen: Eine stützende akzeptierende Umgebung können wir verinnerlichen; in unserer Erinnerung bleibt das Bleibende.

4. Die Geburtlichkeit

Neben der Abschiedlichkeit – oder eher als Gegenprogramm zur Abschiedlichkeit – sieht Hannah Arendt die Geburtlichkeit. Manchmal nennt sie sie auch die Gebürtlichkeit. Sie denkt den Menschen nicht vom Ende, sondern vom Anfang her. Es ist gewiss, „dass Menschen zwar sterben müssen, aber deshalb noch nicht geboren werden, um zu sterben, sondern im Gegenteil, um etwas Neues anzufangen […].“[11] Und sie moniert, dass das Sterben sehr ernst genommen wird, nicht aber das Geborenwerden: „Es ist, als haben die Menschen seit Plato das Faktum des Geborenseins nicht ernst nehmen können, sondern nur das Sterben. Im Geborensein etabliert sich das Menschliche als ein irdisches Reich, auf das hin sich ein jeder bezieht, in dem er seinen Platz sucht und findet, ohne jeden Gedanken daran, dass er selbst eines Tages wieder weggeht. Hier ist seine Verantwortung, Chance etc.“[12]

Verbunden mit der Idee der Geburtlichkeit ist die Faszination des Immer-wieder-beginnen-Könnens, der Möglichkeit zu handeln, mit anderen Menschen in der Welt zu handeln und sie zu gestalten: „Der Mensch wurde geschaffen, damit überhaupt etwas begann“, zitiert Arendt Augustinus. „Mit dem Menschen kam der Anfang in die Welt. Hierauf beruht die Heiligkeit menschlicher Spontaneität. Die totalitäre Ausrottung des Menschen ist die Ausrottung seiner Spontaneität.“[13] Wie bedeutend dieser Gedanke für sie ist, zeigt sich in einer Anmerkung von ihr zu Händels *Messias*: „Das Halleluja nur zu verstehen aus dem Text: Es ist uns ein Kind geboren. Die tiefe Wahrheit dieses Teils der Christuslegende: Aller Anfang ist heil, um des Anfangs willen, um dieses Heiles willen, hat Gott den Menschen in die Welt hinein geschaffen. Jede neue Geburt ist wie eine Garantie des Heiles in der Welt, wie ein Versprechen der Erlösung für die, welche nicht mehr Anfang sind."[14] Deshalb kann der Mensch Vertrauen haben und hoffen.

Der Mythos des göttlichen Kindes

Hannah Arendt versteht Geburt und Anfang auch als das immer wieder neue Heilbringende und ist damit nah am Mythos des göttlichen Kindes: Vielfältig bedroht wird es geboren und lebt – verbunden mit der Hoffnung, dass trotz allem, was es an Widerwärtigem im Leben gibt, immer auch Hoffnung auf einen Neuanfang besteht, auf eine Veränderung, auch zum Guten hin: Es ist Symbol für die Hoffnung auf einen immer wieder möglichen Neuanfang.

Das Mythologem vom göttlichen Kind[15] kennen wir in unserem Kulturkreis im Zusammenhang mit Weihnachten. Jesus ist eines der göttlichen Kinder, aber auch Dionysos, Krishna und andere verkörpern den Symbolkreis des göttlichen Kindes. Zu diesem archetypischen Motiv – einem Motiv, das in der Kulturgeschichte der Menschen immer wieder vorkommt, das aber auch in Träumen und Fantasien der Menschen immer wieder auftaucht –, gehört jeweils ein Leben spendender, das Leben ermöglichender Mutterraum mit Fülle und Lebendigkeit, es gehört das göttliche Kind dazu, das auf eine besondere Weise gezeugt oder geboren wird, und es gibt die Dämonen und Dämoninnen, die dieses göttliche Kind bedrohen: Im Falle von Jesus wird das in der Verfolgung aller Neugeborenen durch Herodes ausgedrückt. Krishna wird von einer Amme mit giftiger Milch verfolgt; Krishna weiß das aber, saugt dieser Amme die ganze Milch aus und spuckt sie anschließend aus. Zerstört ist am Schluss nicht er, sondern die Dämonin. Wäre das göttliche Kind den Dämonen und Dämoninnen nicht gewachsen, dann wäre es eben kein göttliches Kind.

Solche Mythologeme, die jeweils auch in die Sprache der Gegenwart übersetzt werden, ihre zentrale Aussage dabei jedoch beibehalten, werden in bestimmten existentiell bedeutsamen Lebenssituationen immer wieder erzählt oder auch in Ansätzen geträumt. Sie helfen, diese Lebenssituationen zu verstehen, sie aber auch emotional zu verarbeiten, und sie geben den Mut und die Hoffnung, auch diese – meist schwierige Lebenssituation – zu bestehen, wie sie schon viele Menschen vor einem ebenfalls bestanden haben. Die menschlichen Erfahrungen sind zwar immer unsere individuellen, aber es sind Erfahrungen, die andere Menschen auch schon gemacht haben und auch noch machen werden; die menschlichen Probleme sind typisch menschliche Probleme, jeweils etwas eingefärbt durch die persönliche Lebensgeschichte und durch die Zeitsituation, in der wir leben. Diese Geschichten sind

Modelle dafür, wie diese Probleme immer schon angegangen worden sind und wie man sie überlebt hat.

Die Emotionen, die mit dem Mythologem des göttlichen Kindes verbunden sind, sind Freude, Hoffnung auf Werdendes, Mut, Wille zur Gestaltung trotz Widrigkeiten, samt dem Vertrauen, dass es auch gelingt, kurz: Hoffnung auf Neuwerdung wider besseres Wissen, auf Neuanfang in unvorhersehbarer, glückhafter Weise – trotz aller Widrigkeiten.

Dieser Mythos sagt uns unter anderem: Es gibt immer wieder Hoffnung auf Neuwerdung, es kann sich alles auch verändern, es kann auch anders sein, als wir denken. Dieses Neue ist aber auch immer wieder tödlich bedroht. Wie oft haben wir eine neue Idee, die uns beflügelt und erfreut, unserem Leben wieder Schwung gibt. Im Laufe der Zeit verlässt uns dann aber der Mut, das Neue ist uns zu unsicher: Die Dämonen, die das Neue zerstören wollen, haben gesiegt. Das ist schade.

Im christlichen Kulturkreis ist der Mythos des göttlichen Kindes mit dem Weihnachtsfest verbunden, einem Fest der Freude darüber, dass es immer wieder unverhofft einen Neuanfang gibt, dass Hoffnung immer wieder aufbricht. Dass wir an Weihnachten einander auch etwas schenken, ist keine Entweihung dieses Geschehens, sondern gehört durchaus zu diesem Mythos: Nicht nur Hoffnung soll erlebt werden, sondern auch die Freude. Und etwas zu bekommen – und etwas zu schenken –, das macht nun einmal Freude, das kann man sogar mit der Neurowissenschaft nachweisen!

Abschiedlichkeit und Neuanfang im Gedicht „Stufen“ von Hermann Hesse

Auch wenn das eigene Leben und das Leben derer, die wir lieben, natürlich einmal zu Ende geht, gibt es auch immer wieder neue Menschen, die geboren werden, die die Welt und das Zusammenleben der Menschen gestalten werden. Also gibt es nicht nur Anlass zu Sorge und Angst, sondern auch Anlass zu Freude und Vorfreude. Das ist schon ausgedrückt im Gedicht „Stufen“ von Hermann Hesse. Auch da geht es um das abschiedliche Existieren, nicht aber in „Moll“, wie bei Weischedel, sondern in „Dur“.

Stufen

Wie jede Blüte welkt und jede Jugend
Dem Alter weicht, blüht jede Lebensstufe,
Blüht jede Weisheit auch und jede Tugend
Zu ihrer Zeit und darf nicht ewig dauern.
Es muß das Herz bei jedem Lebensrufe
Bereit zum Abschied sein und Neubeginne,
Um sich in Tapferkeit und ohne Trauern
In andre, neue Bindungen zu geben.
Und jedem Anfang wohnt ein Zauber inne,
Der uns beschützt und der uns hilft, zu leben.

Wir sollen heiter Raum um Raum durchschreiten,
An keinem wie an einer Heimat hängen,
Der Weltgeist will nicht fesseln uns und engen,
Er will uns Stuf' um Stufe heben, weiten.
Kaum sind wir heimisch einem Lebenskreise

Und traulich eingewohnt, so droht Erschlaffen,
Nur wer bereit zu Aufbruch ist und Reise,
Mag lähmender Gewöhnung sich entraffen.

Es wird vielleicht auch noch die Todesstunde
Uns neuen Räumen jung entgegen senden,
Des Lebens Ruf an uns wird niemals enden …
Wohlan denn, Herz, nimm Abschied und gesunde!

Hermann Hesse[16]

Hermann Hesse hat dieses Gedicht am 4. Mai 1941 geschrieben, nach langer Krankheit, mitten im Krieg – ein sehr optimistisches Gedicht der Wandlung. Zunächst hatte er es auch nicht mit „Stufen" überschrieben, sondern mit „Transzendieren", womit die Idee des Wandels, des abschiedlichen Existierens, die Bewegungen des Einlassens und des Loslassens als fortwährender Prozess noch deutlichen ausgedrückt waren. Leben ist Transzendieren. Es gibt „Des Lebens Ruf an uns" – das Leben will etwas von uns, und diesem Ruf ist zu folgen. Hier ist auch eine Nähe zum Individuationsprozess von C. G. Jung auszumachen. Die Idee des Individuationsprozesses ist, dass ein Mensch in der Auseinandersetzung zwischen dem Ruf der Welt, den Ansprüchen, die die äußere Welt stellt, und den Ansprüchen der Innenwelt, dem Ruf der Innenwelt, immer wieder etwas Neues an sich selbst entwickeln kann und muss, dass er sich auf Neues einlässt, Überholtes loslässt. In dieser konstanten Auseinandersetzung zu leben, ermöglicht Authentizität, den Eindruck, das eigene Leben sinnvoll zu leben, und nicht nur in Antwort auf Anforderungen von außen zu reagieren. Dazu gehört, immer wieder bereit zum Abschied zu sein und neu zu beginnen, um sich „in Tapferkeit und ohne Trauern / In andre, neue Bindungen zu geben" – in Tapferkeit und ohne Trauern. Ohne Trauern geht es aber vielleicht dann doch nicht. Es ist gerade das Trauern, allerdings nicht das in der Trauer Versinken, das uns hilft, Abschied zu nehmen und uns auch wieder neu auf das Leben einzulassen.

Der Ausspruch „Und jedem Anfang wohnt ein Zauber inne, der uns beschützt und der uns hilft, zu leben" ist den meisten Menschen wohl bekannt. Aber wenn wir an Anfänge in unserem Leben denken, speziell an einen Anfang, an dem wirklich etwas Neues begonnen hatte oder an dem wir selbst etwas Neues begonnen haben: Wohnte diesem Anfang „ein Zauber inne"? War es vielleicht eine Mischung von Zauber und Angst, oder war es nur Zauber, war es nur Angst? Wenn wir Anfänge als inspirierend, bezaubernd erleben, dann hilft dies natürlich, auch das weniger Zauberhafte daran gut zu ertragen. Dennoch: Hier wird das Schwierige am Leben angesichts des abschiedlich Existierens zu sehr ausgeblendet: „Wir sollen heiter Raum um Raum durchschreiten", und es wird eine große Offenheit des Zukünftigen beschworen: Diese Anfänge ermöglicht uns der Weltgeist, der uns nicht fesseln und einengen will, sondern „Stuf' um Stufe heben".

Die erste Strophe hat zehn Zeilen, die zweite Strophe hat noch acht und die letzte hat vier. Das Gedicht wird immer rasanter und endet im Aufruf: „Es wird vielleicht auch noch die Todesstunde / Uns neuen Räumen jung entgegen senden. / Des Lebens Ruf an uns wird niemals enden ... / Wohlan denn, Herz, nimm Abschied und gesunde!“ Man kann Abschied nehmen, weil immer wieder etwas Neues an uns herangetragen wird, ein Neuanfang möglich ist. „Nimm Abschied und gesunde!“ Das ist die Konsequenz aus diesem Gedicht: Nicht an irgendetwas hängen bleiben, sondern sich dem „Ruf des Lebens“ immer wieder öffnen, der einfach da ist.

5. Abschiedlich existieren – Irvin D. Yalom

Dem Tod ins Auge sehen in der Psychotherapie

Abschiednehmen mit allem, was dazu gehört, ist auch psychologisch gesehen wichtig, damit man in einer neuen Lebenssituation wieder Fuß fassen kann, den Reichtum des Lebens erleben kann. Das Neue kann werden, wenn wir vom Vergangenen, Belastenden Abschied nehmen können.

Irvin D. Yalom, ein amerikanischer Psychoanalytiker, Psychiater und Schriftsteller, ist ein Vertreter der Existentiellen Psychotherapie[17]. Für ihn gibt es, wie für viele andere Psychotherapeuten und Psychotherapeutinnen auch, vier existentielle Herausforderungen für den Menschen: Der Tod, die Angst, die Einsamkeit und die Sinnlosigkeit fordern den Menschen existentiell heraus.

Die Auseinandersetzung mit dem Tod, zunächst mit der eigenen Sterblichkeit, ist ihm dabei besonders wichtig. Eine seiner Grundüberzeugungen ist: Der Tod zerstört uns einerseits physisch – wir müssen sterben –, aber der Tod als Idee rettet uns als Mensch: Weil wir wissen, dass es den Tod gibt, können wir authentisch sein.[18]

Yalom ist der Ansicht, dass man in der Psychotherapie viel entschlossener mit dem Thema des Todes konfrontiert werden sollte, weil die Angst vor dem Tod das

Leben hemmt und dazu führt, dass viele Möglichkeiten im Leben nicht genutzt werden können. Er stellt fest, dass wir das Denken an den Tod vermeiden, indem wir uns rasch in eine symbolische Unsterblichkeit flüchten: Biologisch erleben wir die Unsterblichkeit in unserem Fortleben in unseren Kindern. Eine andere Form der symbolischen Unsterblichkeit wäre in den unterschiedlichen Todesvorstellungen zu finden, etwa dass man nach dem Tod an einem jenseitigen Ort ist und dort weiterlebt. Man kann aber auch hoffen, durch die eigene Kreativität, durch das eigene Werk unsterblich zu werden: Der römische Philosoph Seneca, gestorben 65 n. Chr., wird heute noch gelesen, ist in seinem Denken immer noch aktuell. Er ist natürlich gestorben, aber nicht tot. Oder denken wir an Mozart, wie sehr er in seiner Musik weiterlebt … Das ist eine Form der Unsterblichkeit, die aber nur wenige erreichen. Eine andere Möglichkeit, eine gewisse Unsterblichkeit zu denken, ist die Vorstellung, dass man im Tod in die ewige Natur eingeht und als Teil dieser dann doch unsterblich ist. Aber auch die technische Intelligenz ermöglicht es, zumindest in der Erfahrung der Nachfahren noch sehr präsent zu sein, z. B. in Videos, in denen Botschaften weit über den Tod hinaus weitergegeben werden. Eine ganz andere Form, die Sterblichkeit zu vermeiden, ist die Konzentration auf die Präsenz: Wer immer in der ewigen Präsenz lebt, kann nicht sterben.

Hannah Arendt sagt zu dieser weitverbreiteten, eigentlich typischen Verdrängung der Sterblichkeit: „Der Wunsch nach irdischer Unsterblichkeit ist blasphemisch, nicht, weil er den Tod abschaffen will, sondern weil er die Geburt negiert."[19] Wenn wir uns unsterblich denken, dann braucht es letztlich keine Geburten mehr, keine grundsätzlichen Neuanfänge. Das gilt auch für die Versprechen der Wissenschaft, eines Tages den Tod aufheben zu können, für die heutigen wissenschaftlichen Unsterblichkeitsfantasien.

Psychotherapie muss zumindest die Form der symbolischen Vermeidung des Todes aufheben und die Todesangst ansprechen, denn Todesangst ist oft Lebensangst. Wenn jemand sagt, er habe Angst davor, an einer bestimmten Krankheit zu sterben, dann ist nach Yalom die Frage zu stellen: „Was müssen Sie noch dringend tun, bevor Sie sterben? Was will das Leben noch von Ihnen?"

Es ist für Yalom auch deshalb wichtig, sich die Angst vor dem Tod zuzugestehen, weil sie sich sonst auf alltägliche Situationen verschieben kann. Er schildert als Beispiel dafür sein eigenes Erleben. Offenbar hatte er einmal einen schweren Autounfall gehabt und war in der Gefahr zu sterben. In der Folge hatte er zwar keine Angst, Auto zu fahren, aber er nahm nicht mehr an den gemeinsamen Mittagessen mit seinen Kollegen in der Fakultät teil. Er hatte Angst davor, mit seinen Kollegen Lunch zu essen und dabei mit ihnen sprechen zu müssen, etwas, das er früher sehr gern gemocht hatte. Seine Theorie ist, dass wir die primäre Angst, die Todesangst, auf etwas weniger Toxisches verschieben: In seinem Fall wurde die Todesangst in eine soziale Angst umgewandelt. Dass er nicht mehr mit den Kollegen zum Lunch gehen konnte, könnte man als soziale Phobie verstehen. Um diese Angst zu verarbeiten, hat sich

Yalom selbst noch einmal einer Psychotherapie unterzogen. Denn das soll Psychotherapie leisten: zu helfen, dass die primäre Angst, die Todesangst gesehen und akzeptiert wird, damit sie sich nicht in eine Angst verwandelt, die zwar weniger toxisch ist, aber dennoch am Leben hindert.

Das Verschieben der grundlegenden Angst vor dem Tod auf weniger Ängstigendes, weniger Bedrohliches, ist bekannt. Das ist möglicherweise auch einer der Gründe, warum so viele Menschen mit ihrem alternden Körper hadern. Sich darüber zu grämen ist viel weniger erschreckend, als wenn man vor sich selbst zugeben würde, dass einen gelegentlich die Angst packt, eines Tages einfach nicht mehr unter den Lebenden zu sein, oder vielleicht noch mehr die Angst davor, dass man eines Tages ohne die Menschen, die man liebt, weiterleben muss, wenn sie gegangen sind. Die unsere Sicherheit beeinträchtigenden Todeserfahrungen machen Angst und verschieben die Angst. Das konnte man auch während der Pandemie wahrnehmen: Zu Beginn der Pandemie hatte uns die Angst sehr kreatürlich erfasst, man fürchtete, wirklich an dem Virus zu sterben. Nach und nach wurde die Angst interessanterweise auf die Einschränkungen, die man erlebte, verlagert und nicht mehr auf das Virus. Aber eigentlich müsste man auf das Virus alles Mögliche Bedrohliche projizieren, was aber immer weniger geschieht.

Es gibt aber auch ein Verständnis für das Verdrängen des Todes. Der deutsche Philosoph Hans-Georg Gadamer sprach in einem Rundfunkbeitrag von 1993 über die „Erfahrung des Todes".[20] Er konstatierte, dass man in unserer aufgeklärten Kulturwelt geradezu von einer „systematischen Verdrängung des Todes“[21] sprechen könne. Und dann hält er dagegen: „Auf der anderen Seite muß man die Verdrängung des Todes als eine urmenschliche Haltung des Menschen begreifen, die er zu seinem Leben einnimmt. […] Einer hat Zukunft, solange er nicht weiß, daß er keine Zukunft hat. Die Verdrängung des Todes ist der Wille des Lebens.“[22]

So besehen wäre die Verdrängung des Todes geradezu eine anthropologische Konstante. Dennoch kann die Verdrängung des Todes für den einzelnen Menschen bedeuten, dass das Leben zu wenig gelebt wird, die Dringlichkeit des Sich-Engagierens im eigenen Leben nicht erkannt wird. Bewusstsein der Sterblichkeit und das Wissen darum, dass es immer wieder Anfänge gibt, könnten zu einem guten Gleichgewicht führen. Auf jeden Fall gibt es Weckrufe aus dem Unbewussten, Hinweise aus dem Unbewussten, dass der Tod zu bedenken ist.[23]

Todesangst in Träumen als Weckruf

Träume handeln von dem, was für uns Menschen emotional bedeutsam ist. Und sie handeln immer auch einmal vom Sterben und vom Tod, auch von den Toten. Man kann selber im Traum sterben, öfter aber sterben Menschen, die wir nicht kennen, deren Tod im Traum aber doch sehr berührend ist – denn es ist eine Begegnung mit dem Tod. Dazu ein Traumbeispiel. Ein 40-jähriger Mann träumt:

„Ich bin auf einem Berg, den ich nicht kenne, mit einer wunderschönen Aussicht. Ich habe das schöne Körpergefühl, das ich jeweils habe, wenn ich mich körperlich sehr gefordert, aber nicht überfordert habe. Ein anderer Wanderer kommt in meine Nähe, er ist jung. Er sinkt zu Boden. Ich eile zu ihm hin. Er ist tot. Andere Wanderer kommen – niemand kann helfen. Er ist tot. Wir werden alle ganz still, schweigen betroffen."

Zu diesem Traum sagt der Träumer: „Obwohl ich den jungen toten Mann nicht kenne, bin ich tief bewegt. So schnell kann es gehen. Dabei war der doch noch jung. Für einen Moment habe ich beim Aufwachen tief empfunden, dass auch ich sterblich bin und dass ich Angst habe zu sterben. Gerade hatte ich noch dieses wunderbare Körpergefühl – da fühlte ich mich sehr stark, sehr vital. Aber das ist kein Versprechen für die Zukunft."

Dieser Traum hat viele unterschiedliche Emotionen, Gefühle und Nachdenken im Träumer ausgelöst, etwa die Angst, eine Herzkrankheit zu haben, denn so etwas musste der junge Mann im Traum doch gehabt haben. Vor allem aber löste der Traum ein tiefes existentielles Wahrnehmen der Sterblichkeit jedes Menschen aus. Wie meistens, wenn Menschen mit der Sterblichkeit konfrontiert sind, stellten sich in der Folge bei diesem Träumer Fantasien ein, was denn jetzt unbedingt noch gelebt werden müsste angesichts des so nahen Todes, was bis jetzt noch ausgespart war, aber für ein „volles Leben" noch unbedingt dazu gehören würde.

Yalom sieht Todesangst auch in Träumen, in denen der Träumer angegriffen wird. Es geht dabei meistens um die bekannten typischen Träume, in denen man nachts unterwegs ist, die Umgebung immer düsterer wird und man plötzlich bedrohliche Geräusche hört, manchmal auch schon aggressive, verfolgende Menschen wahrnimmt. Die sich aufschaukelnde Angst kann leicht zur Todesangst werden, wenn man die Verfolgenden nicht kennt, sie nicht ansprechen kann und sie eindeutig als gefährlich konnotiert: Man könnte umgebracht werden. Meistens erwacht man dann mit Schrecken.

Yalom sieht in dieser Art von Träumen eine klare Aufforderung, sich mit der Bedrohung durch den Tod auseinanderzusetzen. Sie sind für ihn Weckrufe. Im Traumverständnis nach C. G. Jung würden wir solche Träume etwas anders verstehen, diese angreifenden Gestalten als aggressive oder destruktive Anteile der eigenen Persönlichkeit sehen, die man nicht anerkennen will und die jetzt dringend gesehen, verstanden und akzeptiert werden müssten.[24] Fragt man die Träumer nach den Gestalten, die sie bedrohen, dann bekommen diese Gestalten ein Gesicht: etwa jemand, der sich nimmt, was er haben will, einer, der töten will, ein Kollege, von dem man eigentlich nicht denkt, dass er es auf einen abgesehen hat.

Von der subjektstufigen Deutung des Traumes[25] aus betrachtet – einer Betrachtungsweise, die davon ausgeht, dass alles, was wir träumen, Aspekte unserer eigenen Persönlichkeit sind, zu unserer Psyche gehört, denn unser Traum ist unsere ureigenste Produktion der Nacht –, gehören diese bedrohlichen Gestalten zu uns selbst, sind sie bedrohliche Aspekte unserer eigenen

Persönlichkeit. Der Traum würde so einen wichtigen inneren Konflikt darstellen, der „lebensgefährlich" werden könnte, wenn er nicht angesehen wird. In der Praxis würde man sich imaginativ im Traum diesen angreifenden Gestalten zuwenden und sie ansehen. Fühlt man sich von wilden Kerlen bedroht, dann wäre die Frage, wo man selbst so wilde Kerle in sich hat und sie aber nicht wirklich akzeptiert. In der Regel findet man einen Konflikt mit einer Angst-Aggressions-Thematik. Fragt man nach ängstigenden Situationen im Umkreis des Träumers, der Träumerin, dann wird zwar keine Todesangst, aber eine alltägliche Angst, gegebenenfalls auch eine tiefere Angst bewusst, und es wird dabei deutlich, dass wir immer mit größerer Angst reagieren, wenn wir alle unsere aktiven, wehrhaften Anteile auf die anderen projizieren, andere als wehrhaft erleben und uns selbst nicht. Oder aber wir haben Angst vor aggressiven Menschen. Aggression verstehe ich nicht als Destruktion, Aggression meint, dass man etwas anpacken, verändern kann, aber auch, dass man für sich selber einstehen kann. Je weniger wir für uns selber einstehen können, uns wehren können, desto größer wird die Angst in Konfliktsituationen. Daher ist es hilfreich, die eigenen aggressiven Anteile zu kennen, natürlich auch die destruktiven, die wesentlich problematischer sind. Und natürlich kann in der Therapie auch Todesangst thematisiert werden.

Yalom würde zu diesem meinem Verständnis von Verfolgungsträumen wahrscheinlich sagen, dass damit die Todesangst in eine harmlosere Angst umgedeutet würde, obwohl auch in meinem Verständnis Lebensangst und Todesangst miteinander verbunden sind. Für Yalom scheint es indessen wichtig zu sein, die Angst vor dem Tod in ihrer vollen Härte auszuhalten, wie immer das dann auch praktisch aussehen mag.

Ein großer Einschnitt im Leben von Yalom waren die Krankheit und der Tod seiner Frau. Das Paar, das sich emotional und intellektuell sehr nah war, auch miteinander gearbeitet hatte, hat auf Anregung seiner Frau noch ein Buch miteinander geschrieben über die letzte Zeit bis zum Tod der Frau. Dann musste Yalom allein weiterschreiben. Das Buch heißt: *Unzertrennlich. Über den Tod und das Leben*[26]. Es ist ein berührendes Buch über das Abschiednehmen: Von Marilyn Yalom fordert ihre fortschreitende Krankheit das bewusste Abschiednehmen vom Leben, von Irvin Yalom das konkrete Abschiednehmen von seiner geliebten Frau angesichts ihres absehbaren Todes. Aber auch seine altersbedingte zunehmende Vergesslichkeit versteht er als zunehmenden Verlust, der ihn sehr besorgt macht und ihn auch dazu zwingt, keine Therapien mehr durchzuführen, von seinem bisherigen Leben Abschied zu nehmen. Zu vergessen empfindet er als eine Form des Todes im Leben.

Nach dem Tod seiner Frau beschreibt er seine große Trauer. Wie ist er damit umgegangen? Er hat die Bücher noch einmal gelesen, die er selbst geschrieben hat und die oft vom Umgang mit dem Tod handeln, denn, so meint er, er habe immer unter Todesangst gelitten und verbinde diese auch mit Bedrohungen in seiner Kindheit. Von seinen Büchern, die ihm hier wichtig sind, nennt er vor allem das Buch *Denn alles ist ver-*

gänglich. Geschichten aus der Psychotherapie[27]. In diesem Buch werden Therapiegeschichten von Menschen, die unter Todesangst litten, geschildert und wie im therapeutischen Prozess die Todesangst demaskiert wird, so dass die Betroffenen wieder Zugang zu ihrer Lebendigkeit finden konnten. Im Lesen dieser Geschichten fand Yalom selbst Trost.

6. Grenzsituationen – Karl Jaspers

Karl Jaspers (1883–1969) war ein deutscher Psychiater, Psychologe und Philosoph und übernahm 1948 eine Professur an der Universität Basel für Existenzphilosophie.

Für Jaspers gibt es Grenzsituationen im Leben, in denen wir mit unserem Weltwissen und mit unseren üblichen Verhaltensmöglichkeiten, unseren Lebenstechniken ganz allgemein, am Ende sind. Es gibt Situationen im Leben, die wir nicht verändern können, die nicht überschaubar sind, mit denen wir zunächst nicht umzugehen wissen, denen wir aber auch nicht entkommen können: Das sind Grenzsituationen. Nach Jaspers sind wir Menschen immer in Situationen, in denen wir leiden, kämpfen müssen, schuldig werden, sterben müssen. „Auf Grenzsituationen reagieren wir daher sinnvoll nicht nach Plan und Berechnung, um sie zu überwinden, sondern durch eine ganz andere Aktivität, das Werden der in uns möglichen Existenz; wir werden wir selbst, indem wir in die Grenzsituation offenen Auges eintreten."[28]

Das Wesen der Grenzsituationen besteht darin, dass wir keine Kontrolle über sie haben, dass man sie nicht verändern kann, dass man sich ihnen aussetzen muss und gerade dadurch erlebt, worauf es einem im eigenen Leben ankommt. Grenzsituationen ereignen sich ohne unser Mitwirken. Wenn man vor den Grenzsituationen nicht die Augen verschließt, erlebt man das Werden der uns möglichen Existenz. Aus der größten Bedrohung heraus entsteht tiefstes Wissen um die eigene Persönlichkeit in diesem Leben.

Eine solche Grenzsituation sieht Jaspers im Tod des Nächsten.[29] Er beschreibt den Tod des wichtigen Nächsten als tiefsten Einschnitt im Leben.[30] Unseren eigenen Tod können wir nicht erfahren, den hält Jaspers, wie viele andere Philosophen auch, nicht für besonders interessant. Der Tod unseres Nächsten aber, das ist der Tod, der uns zutiefst angeht und herausfordert. Man fühlt sich alleingelassen, verlassen; durch den Tod des Nächsten fällt man in die absolute Einsamkeit. Nichts kann mehr rückgängig gemacht werden, weder eigenes Verhalten noch das Verhalten des anderen, die gelebte Beziehung ist festgeschrieben. Der Tod des Anderen kann auch nicht rückgängig gemacht werden. Das ist ein Faktum und lässt uns eine große Hilflosigkeit erleben: Auch wenn wir uns fragen, wie wir angesichts einer Situation, die uns in die größte Unsicherheit, in die größte Hilflosigkeit, in die größte Einsamkeit hineinwirft, weiter existieren können, sind das die Situationen, in denen wir unweigerlich ein Gefühl für uns selbst erleben: „Das bin ich", ein sicheres Gefühl der eigenen Identität, aber auch des Gefühls, dass es jetzt genau so sein muss und nicht anders, ungeachtet dessen, ob es einen Sinn hat oder nicht. In dieser Grenzsituation, in der wir befürchten, zerstört zu werden, werden wir, wenn wir uns ihr stellen, eben gerade nicht zerstört, sondern erleben ein Aufblitzen unserer Identität, verbunden mit einem deutlichen Gefühl für uns selbst und auch einer Überzeugung davon, was grundlegend wichtig im Leben ist und was eher zufällig. „Was angesichts des Todes wesentlich bleibt, ist existierend getan; was hinfällig wird, ist bloß Dasein.“[31]

Man kann den Toten nicht in den Tod folgen: „Nichts ist rückgängig zu machen; für alle Zeit ist es das Ende.“[32] Die Kommunikation bricht ab – für immer. Dennoch: „Durch die Kommunikation aber, die sich einmal verwirklichte, ist die absolute Einsamkeit für immer aufgehoben; der wahrhaft Geliebte bleibt existentielle Gegenwart.“[33]

Kommunikation ist für Jaspers grundlegend: „Die Wahrheit beginnt zu zweien.“[34] Unter Kommunikation versteht er den existentiellen Austausch zwischen Menschen, in dem jeder sich unverstellt zu zeigen wagt, keiner gewinnt und bei dem es um Wesentliches geht. „Kommunikation nicht bloß von Verstand zu Verstand, von Geist zu Geist, sondern von Existenz zu Existenz hat alle unpersönlichen Gehalte und Geltungen nur als ein Medium. Rechtfertigen und Angreifen sind dann Mittel, nicht um Macht zu gewinnen, sondern um sich nahe zu kommen.“[35] Kommunikation verstanden als eine Form des „Teilens“ miteinander, des Sich-Nahekommens, des Naheseins, des Liebens, nicht einfach des Redens. Und deshalb kann Jaspers auch der Ansicht sein, dass diese Form der Kommunikation „existentielle Gegenwart“ bleibt, mit dem Verstorbenen nicht verloren geht.

Der Tod des Anderen als „existentielle Erschütterung“[36] bewirkt, dass die Existenz durch diesen Tod in der Transzendenz heimisch geworden ist: „Was zerstört wird durch den Tod, ist Erscheinung, nicht Sein.“[37]

Daher kann er sagen: „Es ist tiefere Heiterkeit möglich, die auf dem Grunde unauslöschlichen Schmerzes ruht."[38] In diesem Denken ist der tiefe Verlust erlebbar – aber auch der tiefe Trost, wenn man sich der Erschütterung aussetzt. Setzt man sich dieser Erschütterung nicht aus, bleibt Leben belanglos, bleibt nur der Verlust.

Am Tode zu verzweifeln und mit allen Fasern am Leben zu hängen, „angesichts des Todes seines eigentlichen Seins"[39] bewusst, das Nichts und das Sein zu erleben, das sind für Jaspers keine Widersprüche. „Der Tod wandelt sich mit mir." Todesangst und Lebenslust widersprechen sich nicht. „Je nachdem, wie sich mein Leben verändert, verändert sich auch meine Einstellung zum Tod."[40] Daher meint er, dass wir uns dem größten Widerspruch stellen müssen: uns mit der Notwendigkeit des Todes abzufinden, uns dadurch radikal zu uns selbst zu bekennen, und gleichzeitig mit allen Fasern unseres Wesens am Leben zu hängen. Es gibt die Lebenslust, es gibt aber auch das Wissen um den Tod des Nächsten.

Den Tod als Faktum zu akzeptieren, erlaubt einen Zugang zu der Tiefe der Existenz, verhilft uns dazu, uns selber noch einmal in einer anderen Dimension zu erleben – auch im Zusammenhang mit dem Verstorbenen.

Der Tod des Nächsten im Gedicht „Memento" von Mascha Kaléko

Das Gedicht „Memento" von Mascha Kaléko (1907–1975), einer jüdischen Dichterin deutscher Sprache, bringt auf berührende Weise zum Ausdruck, was der Tod des Nächsten bedeuten kann:

Memento

Vor meinem eignen Tod ist mir nicht bang,
Nur vor dem Tode derer, die mir nah sind.
Wie soll ich leben, wenn sie nicht mehr da sind?

Allein im Nebel tast ich todentlang
Und laß mich willig in das Dunkel treiben.
Das Gehen schmerzt nicht halb so wie das Bleiben.

Der weiß es wohl, dem gleiches widerfuhr;
– Und die es trugen, mögen mir vergeben.
Bedenkt: den eignen Tod, den stirbt man nur,
Doch mit dem Tod der andern muß man leben.

Mascha Kaléko[41]

7. Das Gilgamesch-Epos: Der Tod des Freundes

Das Gilgamesch-Epos ist 2100–2000 v. Chr. geschrieben worden. Es ist das älteste bekannte, literarische Epos der Weltgeschichte, in Keilschrift auf Tontafeln überliefert, und es ist die Geschichte der Trauer und des Umgangs mit der Trauer um einen geliebten Menschen. Ich beziehe mich auf die Übersetzung von Stefan Maul.[42]

Die Geschichte spielt in Babylon, in Sumer. Gilgamesch ist der König von Uruk. Er ist zwei Drittel Gott und ein Drittel Mensch und deshalb sterblich – und das ist das Problem. Wäre er ganz göttlich, würde er in diesem Mythos nicht sterben. Gilgamesch ist zwar ein König, aber ein wilder, ungehobelter Kerl: Tagsüber lässt er die Männer für sich schuften, und nachts missbraucht er ihre Frauen. Er tut, was ihm gefällt. Die Götter sehen sein Verhalten mit Sorge und überlegen sich, was dagegen zu tun wäre. Sie entschließen sich dazu, einen zweiten, Gilgamesch ebenbürtigen Mann zu schaffen: Enkidu, der mit ihm kämpfen soll. Enkidu wächst zunächst in der Wildnis mit den Tieren auf und wird von ihnen gesäugt. Schritt um Schritt wird er – so der Plan der Götter – näher an die Zivilisation herangeführt. Schließlich führt ihn eine Dirne ins Liebesleben ein, und dadurch entwickelt er Gefühle.

Die Idee der Götter war, Gilgamesch einen ebenbürtigen Kampfpartner zu geben, so dass Gilgamesch nicht mehr mit den Männern in seinem Königreich kämpft und deren Frauen vergewaltigt. Gilgamesch und Enkidu kämpfen dann auch miteinander, aber keiner gewinnt dabei. Da stellen sie fest, dass sie einander ebenbürtig sind, und werden Freunde. Und jetzt treiben sie ihr Unwesen zu zweit. Sie töten den Wächter des Zedernwaldes, den Humbaba. Sie fällen die heiligen Zedern – ein großer Frevel!

Dann will Ischtar – die wichtigste babylonische Göttin – die „heilige Hochzeit" mit Gilgamesch feiern. Das ist eine große Ehre, aber Gilgamesch lehnt ab. Er hat Besseres zu tun. Eine solche Zurückweisung verzeiht eine Göttin nicht, das darf man nicht mit ihr machen. Ischtar ist zutiefst erbost, und mit ihr sind es auch die anderen Götter. Sie entscheiden sich, den Himmelsstier zu schicken, einen riesigen Stier, der Gilgamesch und Enkidu töten soll. Das ist der Plan der Götter, der aber nicht aufgeht: Gilgamesch und Enkidu werden nicht getötet, sondern sie töten den Himmelsstier. Dafür muss einer der beiden bestraft werden, und so lautet der Götterspruch: Enkidu soll sterben. Enkidu ist damit überhaupt nicht einverstanden, aber dieses Mal siegen die Götter: Enkidu bekommt Fieber, empört sich, findet es ungerecht, dass er sterben soll. Der Sonnengott Shamash will ihn trösten, indem er ihm sagt, er habe den einfacheren Teil der Strafe: Er selbst werde nur sterben und im Jenseits gut aufgenommen werden. Gilgamesch aber werde durch das Land irren, in quälender Trauer. Daraufhin akzeptiert Enkidu, dass er sterben muss.

Enkidu ist tot und Gilgamesch ist untröstlich, weint um seinen Freund. Er geht bei allen vorbei, die Enkidu gekannt haben, und beschließt, wer um ihn weinen muss: die Mutter der Gazelle, die ihn genährt hat, die Wildesel, die ihn umsorgt haben, die Stuten, die ihn mit ihrer Milch aufgezogen haben, die Kurtisane, die ihn in die Liebe eingeführt hat. Alle sollen weinen um Enkidu: „Um deinetwillen möge weinen der Buchsbaum, die Zypresse und die Zeder, zwischen denen wir in unserem Wüten immer wieder hindurchgeschlüpft! Um deinetwillen möge weinen der Bär, die Hyäne, der Panther, der Gepard, der Rothirsch und der Schakal [...]."[43]

Alles, was Gilgamesh und Enkidu je begegnet ist, soll jetzt auch von der Trauer erfasst werden: die Ströme, die Wasser, an deren Ufer sie gewandert sind. Der Hirtenjunge soll weinen, der Findling soll weinen, die Steine sollen weinen, alle sollen weinen. „Mein Freund, du Maulesel auf der Flucht, du Wildesel aus dem Gebirge, du Panther aus der Steppe, Enkidu, mein Freund, du Maulesel auf der Flucht, du Wildesel aus dem Gebirge, du Panther aus der Steppe, – wir waren es, die sich zusammentaten und auf die Berge stiegen, die den Himmelsstier ergriffen und erschlugen, die vernichteten Humbaba, der im Zedernwalde wohnte, – doch jetzt, was ist dies für ein Schlaf, der von dir Besitz ergriffen hat? Du bist umnachtet und kannst mich nicht mehr hören!"[44]

Gilgamesch trauert, er reißt sich die Haare aus. Er ruft den Kupferschmied, den Goldschmied, den Steinschneider, den Graveur: „Stelle her meinen Freund, genauso wie er war!"[45] Und die Künstler schufen ein Bild seines Freundes, aber das beruhigt den Trauernden nicht. Der Verlust ist nicht rückgängig zu machen.

Gilgamesch versucht alles, um seinen Freund lebendig zu erhalten, aber das mildert seine Trauer nicht. Er weint bitterlich, durchquert die Steppe und wird zunehmend erfüllt von Todesangst: „Auch ich werde sterben, und werde nicht auch ich dann so wie Enkidu sein? – Trübsal ist eingekehrt in meinen Leib. Ich begann, den Tod zu fürchten, und so laufe ich in der Steppe umher. Bis hin vor Uta-napischti werde ich, am Wege mich haltend, eilig gehen!“[46]

Uta-napischti ist der Held der sumerisch-babylonischen Flut, einer vergleichbaren Flut, wie wir sie aus dem Alten Testament mit Noah als Helden kennen. Nach der Flut lebte Uta-napischti auf einer fernen Insel als Unsterblicher: Als Belohnung für sein Verhalten bei der Flut haben ihn die Götter unsterblich gemacht. Zu ihm will Gilgamesch nun gehen, von Uta-napischti verspricht er sich Hilfe. Er weiß nun, dass auch er eines Tages sterben wird, und er plant, sich bei Uta-napischti die eigene Unsterblichkeit zu holen.

Zu dieser Insel muss er mit einem Boot übersetzen, es geht um die Überfahrt ins „Jenseitsland“. Am Ort des Beginns der Überfahrt trifft er eine Frau, die unten am Meer wohnt und dort eine Kneipe führt. Die Wirtin ist Ischtar, die Liebesgöttin, die er seinerzeit verschmäht hat. Sie ist in eine Decke gehüllt und tief verschleiert unkenntlich gemacht. Sie spricht ihn an: „Wenn ihr, du und Enkidu, diejenigen seid, die den Wächter erschlugen, die vernichteten Humbaba, der im Zedernwalde wohnte, die in den Durchgängen der Berge die Löwen töteten, die den Himmelsstier ergriffen und den Himmelsstier erschlugen, der herabgestiegen war vom

Himmel, warum sind denn deine Wangen ausgezehrt und eingefallen dein Gesicht? Warum ist denn dein Herz so betrübt und deine Erscheinung zugrunde gerichtet? Warum steckt Trübsal dir im Leibe? Warum gleicht dein Gesicht einem, der weite Wege gegangen? Warum ist in Kälte und Hitze dein Gesicht ganz verbrannt? Warum läufst du den Löwen ausgesetzt in der Steppe umher?" Und Gilgameschs Antwort lautet: „Warum sollten meine Wangen denn nicht ausgezehrt sein und eingefallen mein Gesicht? Warum sollte mein Herz nicht so betrübt sein und meine Erscheinung zugrunde gerichtet? Warum sollte Trübsal mir nicht im Leibe stecken? Warum sollte mein Gesicht nicht einem gleichen, der weite Wege gegangen ist?"[47]

„Warum sollte Trübsal nicht in meinem Leibe stecken?" – hier wird prägnant deutlich gemacht, dass die Trauer sich leibhaft anfühlt und sich auch im Leib ausdrückt – sie erfasst den ganzen Menschen.

Gilgamesch erzählt Ischtar noch einmal die ganze Geschichte des Verlusts. „Mein Freund, den ich so sehr liebe, der zusammen mit mir alle Leiden durchlebte, Enkidu, mein Freund, den ich so sehr liebe, der zusammen mit mir alle Leiden durchlebte, – es legte Hand an ihn das Schicksal der Menschheit! Sechs Tage und sieben Nächte habe ich um ihn geweint. Ich gab ihn nicht her, um ihn zu bestatten, bis der Wurm ihm aus der Nase fiel. Da überkam mich die Furcht, dass auch ich sterben könnte. Ich begann, den Tod zu fürchten. Und so laufe ich in der Steppe umher."[48]

Die Wirtin rät Gilgamesch, die Unsterblichkeit zu vergessen, niemand habe seit undenklicher Zeit das

Meer überquert. Gilgamesch lässt sich aber nicht von seinem Plan abbringen und er zwingt den Fährmann, ihn hinüberzufahren. Das ist aber auch das letzte Mal, dass er etwas erzwingen kann.

Uta-napischti spricht zu ihm: „Warum nur, Gilgamesch, jagst gerade du der Trübsal ständig hinterher, der du doch aus dem Fleische der Götter und dem der Menschen gebildet, du, den sie dich so wie deinen Vater und wie deine Mutter machten? Hast du jemals, Gilgamesch, um den einfachen Mann dich gesorgt? Erhebe dein Haupt, Gilgamesch, und tue, was eines Königs Pflicht ist!“[49] Keine Unsterblichkeit also ist da zu haben, sondern die klare Ermahnung, er solle seine Pflichten erfüllen – und zwar besser als zuvor.

Und Uta-napischti hält seine fundamentale Rede über den Tod und das Leben, über das Wesen des Menschen: „Den Enkidu führten seinem Schicksal sie zu, und du liefst rastlos umher. Doch was hattest du davon? Du erschöpfst dich selber mit der Schlaflosigkeit. Mit Trübsal erfüllst du alle deine Fasern und bringst dich damit nur dem Ende deiner Tage näher! Der Menschheit, deren Spross abgemäht ist, einem Schilfrohr aus dem Sumpfe gleich den schönen jungen Mann, das schöne Mädchen geschwinde raubt in ihrer vollen Blüte sie der Tod! Niemand wird den Tod je sehen. Niemand wird des Todes Antlitz schauen. Niemand wird des Todes Stimme je vernehmen. Und doch ist der grimme Tod der Menschheit Schnitter. Es gibt eine Zeit, da bauen wir ein Haus, es gibt eine Zeit, da nisten wir im Nest, es gibt eine Zeit, da teilen sich die Brüder das Erbe, es gibt eine Zeit, da herrscht Hass im Lande.

Es gibt eine Zeit, da der Fluss anschwoll und die Flut herbrachte, da die Eintagsfliege auf dem Fluss sich treiben lässt, da ihr Blick sich auf der Sonne Antlitz richtet. Doch dann, mit einem Male, ist nichts mehr davon da!"[50] Eine beeindruckende Stelle: Alles hat seine Zeit, wie wir dies auch aus der Bibel, dem Buch Prediger 3, kennen. Uta-napischti weist Gilgamesch auf die Gesetze des Lebens hin, die auch er, Gilgamesch akzeptieren muss. Er soll sich damit abfinden, dass niemand den Tod versteht. Uta-napischti hat das vielleicht zum ersten Mal in der Menschheit formuliert.

Aber Gilgamesch ist nicht willens, die Realität des Todes für sich selbst zu akzeptieren. Er bittet Uta-napischti, ihn wenigstens ein wenig unsterblich zu machen. Und dieser lässt sich erweichen: Wenn Gilgamesch sechs Tage und sieben Nächte nicht schlafe, dann könne man weiter darüber sprechen. Der übermüdete Gilgamesch schläft aber sofort ein. Darüber ist er tieftraurig. Da weist Uta-napischti ihn darauf hin, dass tief unten im Wasser ein Ort ist, an dem er das Kraut der Unsterblichkeit finden kann. Gilgamesch lässt sich vom Fährmann an die besagte Stelle fahren, und bindet sich Steine an die Füße, damit er tief ins Wasser sinken kann. Er findet tatsächlich ein dorniges Kraut, das ihn auch sticht, kommt damit hoch, japst, kann gerade noch überleben und legt das Kraut neben sich.

In einer Version des Mythos schläft er ein und in der anderen Version nimmt er ein Bad in einem schönen Weiher; in dieser Zeit kommt eine Schlange und stiehlt ihm das Kraut der Unsterblichkeit. Als er erwacht oder von seinem Bade zurückkommt, ist das Kraut der Unsterblichkeit verschwunden – an seiner Stelle liegt eine gehäutete Schlange. Sosehr er sich auch bemüht, die Unsterblichkeit ist ihm versagt.[51]

Zusammen mit dem Fährmann geht er zurück in seine Stadt Uruk, ihm zeigt er, wie er jetzt die Stadt verändern, wie er etwas Neues machen will. Man kann natürlich hoffen, dass er durch seinen Trauerprozess fürsorglicher geworden ist. Und dass er versteht: Etwas neu zu machen, etwas zu beginnen – das ist eigentlich das Kraut der Unsterblichkeit.

Das ist das erste erhaltene und auch oft veränderte Epos, das sich mit dem Tod des liebsten Menschen, mit dem Verlust einer Liebesbindung und dem Umgang damit beschäftigt. Es sagt viel aus über die kreatürliche Verzweiflung, die mit dem Verlust verbunden ist, über das Sich-Auflehnen gegen den Tod, aber auch über die heftigen, lebendigen Emotionen, die den ganzen Menschen erfassen, die leiblich erlebt werden, aber natürlich auch gedanklich: Das Epos zeigt eindrücklich, wie das Erlebnis der Trauer verbunden wird mit der Todesfurcht, der Angst um das eigene Leben. Die Unsterblichkeit könnte Abhilfe schaffen, sie ist aber nicht erreichbar. Man kann nur das Gesetz des Lebens akzeptieren, dass „das Schicksal des Menschen Hand an ihn legen kann“[52], akzeptieren, dass man keinen Einfluss auf das Schicksal hat. Die Todesfurcht wird in diesem Epos letztlich akzeptiert und führt dazu, dass Gilgamesch im Leben verwirklicht, was ihm aufgegeben ist. In der Welt etwas zu gestalten, etwas Neues zu beginnen, sich zu engagieren, das ist bereits im

Gilgamesch-Epos die Reaktion des Menschen auf das Sterbenmüssen.

Aber nicht der eigene Tod ist zunächst Gegenstand dieses Epos – das menschliche Drama, das dieses Epos schafft, ist der Tod des Anderen, der Verlust des Nächsten.

Der Verlust des Nächsten

In der Geschichte der Menschheit wird dieses Gefühl immer wieder beschrieben. Augustinus (354–430 n. Chr.), ein römischer Kirchenlehrer, hat in seinem Buch *Confessiones (Bekenntnisse)*, beschrieben, wie er den Verlust seines Freundes erlebte. Da „kam eine tiefe Finsternis über mein Herz [...]. Überall suchten meine Augen ihn, und er wurde mir nicht gegeben. [...] Ich war mir selbst zu einer einzigen großen Frage geworden [...]. Nur noch das Weinen war mir süß [...]. Einem ganz schweren Lebensüberdruß stand Todesangst zur Seite. Ich glaube, je mehr ich jenen geliebt hatte, umso mehr haßte und fürchtete ich den Tod, der ihn mir geraubt, [...] und ich stellte mir vor, er würde nun plötzlich alle Menschen verschlingen [...]. Ich wunderte mich nämlich, daß die übrigen Sterblichen lebten, wo er gestorben war, den ich so liebte, daß er gleichsam nie hätte sterben dürfen, und noch mehr wunderte ich mich, daß ich als sein andres Ich seinen Tod überlebte."[53]

Gabriel Marcel, ein französischer katholischer Existentialist, hat seine Mutter mit vier Jahren verloren.

Eine so frühe Todeserfahrung färbt auch die späteren Verlusterfahrungen. Auch er spricht im Zusammenhang mit der Erfahrung des Todes des Nächsten von Trauer, von Verfinsterung des Gemüts, von Lebensüberdruss, von Todesangst und davon, dass man sich selbst zur Frage wird, dass man die Selbstgewissheit verliert. Er spricht dann auch von den Schuldgefühlen der Überlebenden. Wegen der Schuldgefühle, so leitet er ab, wird der Tod gehasst und gefürchtet. Der Lebensüberdruss kann nicht nur zur Angst vor dem Tod führen, sondern auch zur Selbstdestruktivität. In einer milderen Form führt er dazu, dass man sich nicht mehr freuen darf, besonders, wenn noch die Schuld des Überlebenden hinzukommt, in heftigen Fällen bewirkt er, dass man dem Toten nachsterben möchte. Der Lebensüberdruss kann, wenn er wahrgenommen und akzeptiert wird, auch zur Kreativität führen: Weil der verstorbene Mensch nicht mehr kreativ sein kann, nichts mehr bewirken kann auf dieser Welt, sind die Zurückbleibenden verpflichtet, etwas in die Welt zu setzen.[54]

Was Augustinus und Gabriel Marcel beschreiben, steht exemplarisch für das Erleben vieler Menschen, die einen nahen Menschen verloren haben. Der Tod eines mit uns verbundenen Menschen zerstört eine wesentliche Bindung und stürzt uns in eine Identitätskrise. Deshalb kann Jaspers auch sagen, dass das die Situation ist, in der wir unsere Existenz ergreifen können: In Identitätskrisen können und müssen wir uns neu orientieren, haben wir noch einmal ein neues Gespür für das, was wir sein können.

8. Sterben lernen – leben lernen

Wie erleben Sterbende ihren nahenden Tod?

Marianne Schiess, Psychotherapeutin und Lektorin, hat in ihrem Essay „Kämpfen oder vertrauen – sterben lernen“[55] offen und berührend darüber geschrieben, wie sie mit ihrem absehbar nahen Tod umgeht.

Wie geht ein sterbender Mensch mit der Forderung nach Abschiedlichkeit, mit dem unabwendbaren Verlust des Lebens um? Sie schreibt: „Doch wir wissen nicht, wie wir aus der Welt gehen werden, herausgerissen und in den besten Jahren oder altersmüde, bei klarem Bewusstsein oder verwirrt, mit Widerstreben oder den Tod herbeisehnend. Da wir dies nicht wissen können, ist auch das Sterben nicht eigentlich lernbar. Und das ist wohl gut so. Betrachten wir jedoch das Sterben als einen Abschied, den endgültigen Abschied, bietet uns das Leben genug Übungsmöglichkeiten. Auch ich weiß nicht, wie ich sterben werde, aber ich weiß, dass der Tag nicht mehr fern ist. Eine fortgeschrittene Krebserkrankung begrenzt meine Lebenszeit. Von meinem Umgang mit dieser Situation möchte ich hier berichten. Indirekt vom Sterben-Lernen, vor allem aber vom Leben-Lernen – mit dem Wissen, in absehbarer Zeit zu sterben.“[56] Der endgültige, ungewisse und doch vorhersehbare Abschied: Was löst er aus? Von den vielen Möglichkeiten wird hier wohl als Quintessenz ein letztes „Leben-Lernen“ in der Konfrontation mit dem Sterben-Müssen betont: der Tod als Lehrmeister.

Sie spricht dann von ihrer Krebsdiagnose, von einem metastasierenden Karzinom, davon, dass die Diagnose sie in einer beruflich und persönlich als prekär erlebten Situation traf, in der sie mit Schwierigkeiten konfrontiert wurde, die ihr nicht zu bewältigen schienen. Von außen kamen die Ratschläge, gegen diesen Krebs zu kämpfen. Und dann war ihr eines Tages klar: Sie würde nicht kämpfen, sondern die Situation annehmen, ihren Weg in die Offenheit der Zukunft gehen, ohne sich noch zusätzlich zu stressen. Das Alter als eine Zeit des Loslassens, aber auch des Übergangs vom Haben zum Sein wurde ihr eine hilfreiche Vorstellung: das Alter als die Zeit der Liebe zum Leben im Hier und Jetzt, ohne Streben nach Dauer. Sie schildert, wie sie die kleinen Wunder der Natur wieder in großer Intensität erlebt, etwas, das ihr in der Hektik des Berufsalltags verloren gegangen war. Sie spricht von Naturerfahrungen, von Erlebnissen von Schönheit, und man fragt sich, ob es eine Konstante sein könnte, dass sich sterbende Menschen der Natur und der Schönheit annähern oder wieder annähern.

Und was ist mit dem Abschied von den wichtigen Menschen, von den Nächsten? Dazu sagt sie wenig, außer, dass sie sich von einem Freundeskreis getragen fühlt.

Gibt es angesichts des nahen Todes einen Zukunftsschwund? Dazu meint sie: „Ohne Ziele gibt es aber beim Blick in die Zukunft nur die eine Perspektive: Den Tod. Bewusst habe ich ein geliebtes Hobby, das

Reisen, dazu verwendet, kurzfristige, beglückende Ziele in die nahe Zukunft zu setzen, immer mit der Offenheit dafür, dass die Krankheit mir einen Strich durch die Rechnung machen kann."[57] Das ist Lebenskunst. Eigentlich gibt es keine großen Ziele mehr in der Zukunft. Aber solange man lebt, gibt es noch Zukunft. Sie verfolgt beglückende, kurzfristige Ziele. Sie reist noch nach Sibirien, zur Zeit der Mitternachtssonne, fährt vom Eismeer den Jenissei 2000 Kilometer hinauf, eine winterliche Schifffahrt führt sie entlang der norwegischen Küste an die russische Grenze; sie sieht in Kalifornien die Wüste blühen. Keine kleinen Ziele! Noch einmal lässt sie sich von den unglaublichen Kunststätten der alten Ägypter überwältigen. Ihr Fazit: „Nie hätte ich zu Beginn meiner Erkrankung von solch unvergesslichen Erlebnissen zu träumen gewagt. Beglückende Nahrung für die nahe Zeit, in der ich nur noch in der Erinnerung werde reisen können."[58]

Sie weist darauf hin, dass der Religionspsychologe William James Religiosität dadurch charakterisiert, „dass sie einen neuen, mit Dankbarkeit verbundenen Geschmack am Leben"[59] vermittle. Von diesem neuen Geschmack am Leben, verbunden mit einer bewussten Dankbarkeit für jeden neuen Tag, so beschreibt Schiess, würden viele an einer lebensbedrohenden oder tödlichen Krankheit leidenden Menschen sprechen, vorausgesetzt, es gelinge ihnen, ihr Schicksal anzunehmen: „Es ist, als ob das Akzeptieren, dass Vergänglichkeit zum Leben gehört, uns dazu befähigt, die Schönheit der Natur besonders intensiv wahrzunehmen und uns ihr zugehörig zu erleben."[60] Das hindert sie aber nicht daran, auch das Zerstörerische in der Natur zu sehen. Sie schwebt nicht in entrückten Sphären, vielmehr plant sie ihre Beerdigung.

Auf die Frage von Bekannten, wie sie sich das Leben nach dem Tod vorstelle, spricht sie von der „Ahnung eines intensiven Gefühls des Heimkommens, die mir die Angst vor dem Tod weitgehend nimmt“[61]. Natürlich werde alles ganz anders sein, als sie es sich jetzt denken kann.

Das Jenseits ist Marianne Schiess weniger wichtig als die Bedeutung, die sie in der Erinnerung der Zurückgebliebenen behält – das entscheide darüber, ob sich ihr Leben gelohnt hat. „Ich wäre glücklich, wenn den Menschen nach meinem Tod ein bisschen mehr positive Energie zugänglich wäre. Wenn ich unbemerkt, da unfassbar, hier und dort einem Menschen in schweren Zeiten ein Lächeln auf den Mund zaubern könnte, dann hätte sich mein Leben gelohnt.“[62]

Was ist nach dem Tod? Jetzige Jenseitsbilder

Das Sich-Auflehnen gegen den Tod, der uns widerfährt, den wir nicht kontrollieren können, und natürlich auch das Sich-Auflehnen gegen die Vergänglichkeit lässt uns auch über den Tod hinaus fragen. Was ist denn nach dem Tod? Das wissen wir nicht, können wir nicht wissen, und deshalb entwickeln wir Bilder des Todes, Jenseitsbilder. Yalom machte darauf aufmerksam, wie sehr wir uns um die symbolische Unsterblichkeit bemühen – und uns dabei etwas vormachen, um uns die existentielle Härte des Sterbenmüssens zu ersparen.

Aber was sind heutige Jenseitsbilder? Es sind keine Bilder der Unterwelt mehr, wie bei den Griechen, und es ist auch weder Paradies noch Hölle. Ebo Aebischer, ein evangelischer Pfarrer und Seelsorger für Suizidbetroffene, hat anhand von Tagebüchern und Abschiedsbriefen Jenseitsvorstellungen von Suizidanten gesammelt. Das Jenseits erscheint in diesen Dokumenten als die bessere Welt, als eine Welt der Geborgenheit, der Liebe, des Angenommenwerdens, verbunden mit Wärme, ewiger Heimat, mit dem Gefühl von Heimkommen.[63] Das war es auch in der Vorstellung von Marianne Schiess: Heimkommen, Leben in Fülle.

Jörns hat bei einer Befragung von Menschen in Berlin nach ihren Jenseitsvorstellungen Vergleichbares herausgefunden:[64] Geborgenheit anstelle von Heil. Mit dieser Geborgenheit verbunden ist das Gefühl, dass Tod ein Aufgehobensein in der Natur ist, in der Fülle, in der Liebe. Es ist ein Bild der Symbiose: das Eingehen in eine Ganzheit, möglicherweise auch eine Wiedervereinigung mit allen Menschen, die man je gekannt hat und die man dann im Paradies wiedersehen wird. Die Einsamkeit des Menschen angesichts des Todes wird von unserer Fantasiewelt, von der symbolischen Welt, kompensiert. Das sind die alten paradiesischen Vorstellungen, wo alles Fülle ist, wo man beieinander ist, wo es keine Auseinandersetzungen gibt, wo keine Widerstände zu erfahren sind. Da ist die Sehnsucht nach dem Paradies, aber auch die Sehnsucht danach, dass alle Kämpfe aufhören mögen.

Manche Menschen sagen, dass sie nach ihrem Tod einfach Natur sind: Sie gehen ein in das Ganze der Natur, in den natürlichen Kreislauf des Lebens. Für andere sind es Bilder der Freiheit: Der Vogel oder auch der Schmetterling sind uralte Seelenbilder. Dahinter steht wohl die Idee, dass beim Tod die Seele wie ein Vogel den Körper verlässt oder dass man selber wie ein Vogel frei fliegen kann … Diese und viele andere Bilder helfen, zu leben angesichts des Todes.

Wenn man sich über diese Jenseitsbilder austauscht, dann kann eine beachtliche Diskrepanz erlebt werden: auf der einen Seite eine wissenschaftliche Sichtweise – wenn ich tot bin, dann bin ich tot – und auf der anderen dennoch die Welt der verschiedenen „eigenen" Fantasien. Interessanter sind allemal die privaten Jenseitsbilder. Noch ein Lächeln auf die Gesichter der Menschen zaubern – das geht, wenn die Zurückgebliebenen sich liebevoll an einen erinnern können. Wir könnten es aber auch mit Luther halten, der sagte: „Was das Paradies ist, weiß ich nicht. Was wollen wir also viel über die Seele nach dem Tod spekulieren."[65] Aushalten, dass wir es nicht wissen können, aber was wir nicht wissen, füllen wir bekanntlich mit Fantasien.

Die Antwort der Dichterin Marie Luise Kaschnitz

Ein Leben nach dem Tode
Glauben Sie fragte man mich
An ein Leben nach dem Tode
Und ich antwortete: ja
Aber dann wußte ich
Keine Auskunft zu geben
Wie das aussehen sollte
Wie ich selber
Aussehen sollte
Dort

Ich wußte nur eines
Keine Hierarchie
Von Heiligen auf goldnen Stühlen sitzend
Kein Niedersturz
Verdammter Seelen
Nur

Nur Liebe frei gewordne
Niemals aufgezehrte
Mich überflutend
[...]

Mehr also fragen die Frager
Erwarten Sie nicht nach dem Tode?
Und ich antworte
Weniger nicht.

Marie Luise Kaschnitz[66]

An den Tod denken – eine Form der Lebenskunst?

Ständig an den Tod zu denken, ist wohl ebenso lebensbehindernd, wie die Gedanken an ihn konsequent auszublenden. Es ist dann an den Tod zu denken, wenn er uns berührt, etwa beim Sterben anderer Menschen, bei Sterbeprozessen in der Natur. Und immer bleibt er unfassbar und regt unsere Vorstellungen an.

Auch Kinder denken über den Tod nach, sogar sehr oft, er beunruhigt sie: Was ist mit dem toten Vogel? Wird er wieder lebendig? In der heutigen Zeit ist es sehr wichtig für Kinder zu erfahren, dass der Tod irreversibel ist, denn die Medien ermöglichen uns eine ganz neue Form der Abwehr des Sterbenmüssens: Wird eine Figur in einem Film getötet, kann der Schauspieler oder die Schauspielerin in einem anderen Film wieder mitspielen, als wäre nichts geschehen, sie ist wieder lebendig. Und in Computerspielen hat die eigene Figur oft mehrere „Leben“ und kann tödliche Attacken mehrfach überleben. Die gnadenlose Abwesenheit, die Irreversibilität, Kennzeichen des Todes, sind in der medialen Welt nur noch bedingt erlebbar.

In Amerika gibt es eine Bewegung, die sich „Death Education“, also Unterweisung zu Sterben, Tod und Trauer, nennt. Dahinter steht die Ansicht, dass das Leugnen des Todes, das Vermeiden, sich mit dem eigenen Tod auseinanderzusetzen, zu großen persönlichen Problemen führen kann. In diesem Zusammenhang wird eine Korrelation zwischen Machtproblemen und der Verdrängung des Todes festgestellt: Menschen mit großen Machtproblemen denken nicht über den Tod nach, weil ihr fragiles Selbstwertgefühl das nicht zulässt. Um die Sterblichkeit akzeptieren zu können, braucht man ein einigermaßen sicheres Selbstwertgefühl. Das kann man mit Jaspers allerdings auch anders sehen: Er geht davon aus, dass Menschen ein gutes Selbstwertgefühl gerade dann gewinnen, wenn sie sich diesen existentiellen Situationen stellen. Diese Ideen lassen an Gedanken von Mary Williams denken, die im Sadismus eine Identifikation mit dem Angreifer sah, eine Identifikation mit dem Tod als dem unzerstörbaren Zerstörer. Der Tod zerstört, ist selber aber nicht zerstörbar.[67] Identifizieren sich Menschen mit dem Tod als unzerstörbarem Zerstörer, dann identifizieren sie sich mit einer unzerstörbaren zerstörerischen Kraft und wähnen sich mächtig: Ängstigen sollen sich die anderen – das kann als Kompensation eines unsicheren Selbstwertgefühls gesehen werden.

In der Bewegung von Death Education spielen diese Gedanken, ohne dass sie ausgedrückt werden, eine Rolle. In dieser Bewegung werden Kriegsbereitschaft, Umweltverschmutzung, Umweltvernachlässigung, Gewaltbereitschaft als eine Folge der permanenten Verdrängung des Todes gesehen. Das Memento mori war der erhobene Zeigefinger im Mittelalter. Es war ein Aufruf zur Bescheidenheit: „Denke an den Tod und liebe das Leben" – Ars moriendi als Lebenskunst. Gehen wir davon aus, dass uns nichts anderes bleibt, als das Leben abschiedlich zu leben, dann ist die Ars moriendi, die Kunst des Sterbens, auch eine Form der Lebenskunst: einzuwilligen in die vielen Veränderungen, Verluste, Abschiede – und dennoch oder gerade deswegen dem eigenen Leben immer wieder neu eine Gestalt zu geben, so wie es der jeweiligen Altersphase entspricht.

Für Seneca gehörte das Denken an den Tod, an das Sterben, zur Ars vivendi, zu der Kunst zu leben. In seinen Lehrbriefen an Lucilius empfahl er diesem, sich täglich darin zu üben, mit Gleichmut das Leben loszulassen; das töte die Angst vor dem Tod. Das Memento mori („Gedenke des Todes") bewirke, dass der Mensch sich frei einlassen könne auf das Leben. Im Gedenken auch an Epikur formuliert Seneca: „Denke an den Tod: wer das sagt, heißt, an die Freiheit zu denken."[68] Auch Erich Kästner formulierte in einem seiner Gedichte prägnant, dass Ars moriendi Lebenskunst ist: „Liebe das Leben, und denk an den Tod."[69]

Je akzeptierender wir den Tod in das eigene Lebenskonzept einbauen, desto lebendiger vermögen wir das Leben zu leben. Sinnfragen, die Fragen, wofür wir leben wollen, welche Werte uns unabdingbar wichtig sind, entscheiden wir anders, wenn wir den Tod als eine universale, unpersönliche Tatsache akzeptieren und nicht als etwas, das nur mir zustößt und mich bestraft, etwa durch den Tod des Liebsten. Das Schicksal in Form des Todes ist keine Strafe – es gehört zum menschlichen Leben. Haben wir uns mit unserer Sterblichkeit versöhnt, so befinden wir uns in Übereinstimmung mit dem Werden und Vergehen der Natur und alles Natürlichen. Angesichts der Sterblichkeit gestalten wir das Leben mit vielen anderen Menschen zusammen, wir sind zur Kreativität herausgefordert – und gestalten damit auch die Kultur. Abschiedliches Leben ist kreatives Leben.

9. Die Freude am Dasein

Abschiedlich zu leben heißt nicht nur, dass wir von allem Abschied nehmen müssen, weil sich alles immer wieder verändert, sondern es bedeutet auch, dass wir uns immer wieder auf etwas Neues einlassen, uns in etwas Neuem niederlassen können. Überraschendes kann geschehen, das uns bereichert: Wir können uns auch freuen am Dasein, trotz des Todes. Verschiedene Philosophen sehen die Akzeptanz des Todes als eine Voraussetzung dafür, dass das Leben voll gelebt wird. So sagt Seneca „Wer den Tod fürchtet, wird nie etwas so wie ein lebensfroher Mensch sein.“[70] Und Lukrez, ein römischer Dichter und Philosoph (99–55 v. Chr.), der die Gedanken von Epikur vermittelt, fragt: „Warum willst du nicht lebenssatt aufstehen vom Gastmahl des Lebens?“[71] Lukrez sieht das Leben als ein Gastmahl, eine Einladung, bei der man satt werden kann. Lebenssatt. Und Lukrez fügt an: „Habt ihr nicht verstanden, es zu gebrauchen, so war es euch unnütz? Was kümmerts euch dann, es verloren zu haben! Wozu wollt ihr es ferner behalten?“[72]

Positive Emotionen

Positive Emotionen – nicht nur die Emotion Hoffnung, sondern auch Freude, Inspiration und andere – können helfen, die Realität offener zu erleben, kreativer zu sein.

Zudem helfen diese Emotionen, die Angst abzupuffern, und ermöglichen damit, diese schwierigen Emotionen und die schwierige Realität wahrzunehmen und zu verwandeln.

Freude erleben wir dann, wenn etwas besser ist als erwartet, überraschender im positiven Sinne, als vorauszusehen war: Wir fühlen uns beschenkt, sind freudig überrascht. Solche Momente gibt es in allen Lebenssituationen. Wir leben dann im Modus des Bekommens. Es ist doch besser als erwartet, es gibt positive Veränderungen – und hier ist auch schon eine Verbindung zur Grundemotion der Hoffnung – wenn auch sehr pragmatisch. Ohne ersichtlichen Grund kann etwas erfüllender sein als erwartet.[73]

Wenn wir uns freuen, dann fühlen wir in uns eine Wärme aufsteigen. Sie ist meist körperlich erfahrbar und ihr entspricht auch eine seelische Wärme. Die Freude lässt uns offener und lebendiger werden. Das Selbstgefühl, das wir in der Freude erleben, ist ein Gefühl des selbstverständlichen Selbstvertrauens, das daraus resultiert, dass wir im Moment der Freude uns selbst, die Innenwelt, die Mitwelt vorbehaltlos akzeptieren können, weil uns mehr zugekommen ist, als wir erwartet haben. Zu diesem selbstverständlichen Selbstvertrauen gehört, dass man sich bedeutsam fühlt, ohne dass man auch bedeutsam sein muss. Dieses selbstverständliche Selbstvertrauen, das wir als Menschen im Zustand der Freude erleben, lässt uns offen werden. Wir müssen uns nicht entschließen zum Vertrauen, wir vertrauen einfach, und gelegentlich – das wirft man den freudigen Menschen ja auch vor – verbrüdern und verschwestern wir uns zu leicht, sind also zu vertrauensselig. Bestimmt von der Emotion der Freude verhalten wir uns solidarischer, freundlicher zu uns selbst und zu anderen.

Selbstverständliches Selbstvertrauen, Bedeutsamkeit, auf der man nicht beharren muss, Offenheit und die Möglichkeit des Sich-Öffnens, Lust auf Neues, auf Anderes, ergeben ein Selbstgefühl der Vitalität und der Kompetenz, mit dem Leben umgehen zu können. Wir spüren neue Lebensenergie und neues Vertrauen ins Leben. Aus dieser Selbst- und Weltwahrnehmung heraus möchten wir dann anderen Menschen nahe sein, möchten teilen, haben wir den Mut, miteinander Lösungen zu finden und zu erproben – durchaus angesichts der Schwierigkeiten. Und diese Erfahrungen ermöglichen es uns, besser mit Bedrohung und Angst umzugehen.

Positive Emotionen wie Freude, Inspiration, Dankbarkeit, Wertschätzung, Neugierde, Interesse, Gefühle der Ehrfurcht, des Ergriffenseins sind selbsttranszendente Gefühle; sie transzendieren die eigenen momentanen Bedürfnisse und Wünsche, konzentrieren sich auf die Bedürfnisse von anderen. Positive Gefühle lösen Emotionen von Zugehörigkeit und Kooperation aus, man tut etwas für den anderen, man kümmert sich. Mit positiven Emotionen stecken wir einander an: wenn wir miteinander etwas erleben, z. B. eine musikalische Veranstaltung, ein ergreifendes Ritual, oder wenn wir miteinander etwas gestalten. Positive Gefühle stimulieren das Miteinander, ermöglichen ein kreatives Miteinander und Kooperation.

Während negative Gefühle die Bandbreite des möglichen Verhaltens einschränken, erweitern positive Gefühle unser Denk- und Handlungsrepertoire, stärken sie unsere Ressourcen und unsere Bindungen. Positive Emotionen, die uns leicht zugänglich sind, stimmen uns auch hoffnungsvoller.

Wie finden wir zur Freude?

Wir können zum einen zur Freude finden, indem wir freudige Erfahrungen wahrnehmen. Wir haben sie natürlicherweise, auch sie gehören zu unserer biologischen Grundausstattung, und sie sind in unendlich vielen Sinneserfahrungen erlebbar, denken wir nur an Schönheit, gute Düfte, berührende Musik, aber auch im Mitschwingen an freudigen Erfahrungen unserer Mitmenschen, und dann auch im Miterleben der Protagonisten und Protagonistinnen in der Literatur, in Filmen. Aber auch aus unserer eigenen Lebensgeschichte können wir uns vergangene freudige Situationen immer wieder vergegenwärtigen. Es geht darum, den Reichtum der Erfahrungen und Empfindungen wahrzunehmen und auszukosten. Freude lebt auch von der Imagination, und das besonders dann, wenn unsere Vorstellungen möglichst sinnenhaft erlebt werden. Wir sprechen nicht nur von Rosen, wir sehen ihre Farben, erleben ihren Duft. Schönes, das wir erlebt haben, können wir uns immer wieder in der Erinnerung zurückrufen – sinnenhaft genau – und dann nähren uns diese Imaginationen emotional.

Sozusagen grundlos vergnügt

Ich freu mich, daß am Himmel Wolken ziehen
Und daß es regnet, hagelt, friert und schneit.
Ich freu mich auch zur grünen Jahreszeit,
Wenn Heckenrosen und Holunder blühen.
– Daß Amseln flöten und daß Immen summen.
Daß Mücken stechen und daß Brummer brummen.
Daß rote Luftballons ins Blaue steigen.
Daß Spatzen schwatzen. Und daß Fische schweigen.

Ich freu mich, daß der Mond am Himmel steht
Und daß die Sonne täglich neu aufgeht.
Daß Herbst dem Sommer folgt und der Lenz dem Winter,
Gefällt mir wohl. Da steckt ein Sinn dahinter,
Wenn auch die Neunmalklugen ihn nicht sehn.
Man kann nicht alles mit dem Kopf verstehn!
Ich freue mich. Das ist des Lebens Sinn.
Ich freue mich vor allem, daß ich bin.

In mir ist alles aufgeräumt und heiter:
Die Diele blitzt. Das Feuer ist geschürt.
An solchem Tag erklettert man die Leiter,
Die von der Erde in den Himmel führt.
Da kann der Mensch, wie es ihm vorgeschrieben,
– Weil er sich selber liebt – den Nächsten lieben.
Ich freue mich, daß ich mich an das Schöne
Und an das Wunder niemals ganz gewöhne.
Daß alles so erstaunlich bleibt, und neu!
Ich freu mich, daß ich ... Daß ich mich freu.

MASCHA KALÉKO[74]

„Ich freue mich. Das ist des Lebens Sinn", so Kaléko, weil das Leben ist, wie es ist.

10. Soziologie des Verlusts

Andreas Reckwitz, Professor für Soziologie und Kultursoziologie an der Humboldt-Universität zu Berlin, hat einen kurzen Essay im Internet publiziert mit dem Titel: „Auf dem Weg zu einer Soziologie des Verlusts“[75]. Das ergibt eine weitere Perspektive auf das Thema abschiedliches Leben, und zwar nicht nur in persönlichen, sondern auch in kulturellen Zusammenhängen. Reckwitz weist darauf hin, dass in der sozialen Welt sich ständig Neues ereignet, dabei aber auch Altes verschwindet. Er nennt unsere Gesellschaft eine Gesellschaft des Verschwindens: Ohne dass es uns auffällt, verschwindet vieles: Normen, Wissen, Moden, Dinge ... Fortschritt bewirkt Verlust – diese Verlusterfahrung wird aber kaum gesehen, denn was kommt, ist „besser“ oder wurde lange als „besser“ verstanden, also warum dem Überholten nachtrauern?

Nicht alles, was verschwindet, vermissen wir, erleben wir als Verlust. Auf gewisse Moden verzichten wir gerne, andere hätten wir gerne behalten. Dieses Verschwinden kann wertneutral sein: Den ersten mobilen Telefonapparaten trauert wohl niemand nach – die neuen sind handhabbarer. Wenn sehr einengende Normen verschwinden, kann das sehr entlastend sein, aber wenn gewisse Normen des Anstands unwichtig werden, hat das einen großen Einfluss auf das Zusammenleben. Diese Kultur des Verschwindens kann ein Gewinn sein, aber auch ein Verlust. Wird der Verlust schmerzlich erfahren, dann ist er verbunden mit Emotionen: mit Trauer, mit Angst, mit Wut, mit Schuldzuschreibungen und anderem mehr. Verluste rufen nach „Verlustpraktiken“, und eine davon nennt Reckwitz „Doing loss“, den Verlust zu bearbeiten. Dieses „Doing loss“, dieses Umgehen mit dem Verlust, machen wir unter anderem mit unserer Vorstellungskraft, mit der Imagination, indem wir das Vergangene im Gedächtnis präsent halten. Die Erinnerung ist im Umgang mit dem Vergänglichen von zentraler Bedeutung, Erinnerung aber ist Imagination.

Es verschwinden auch Erwartungen für die Zukunft: Man hat dann einen Zukunftsverlust. Über längere Zeit war man sich einig, dass es jeder folgenden Generation besser gehen wird. Darüber hat man nicht viele Worte verloren. Diese Überzeugung ist uns jedoch inzwischen abhandengekommen, das Leben wird für die nächsten Generationen anders sein, lebbar, aber nicht im Sinne des alten Denkens immer „besser“. Bewertungen von „besser“ und „schlechter“ müsste man ohnehin ersetzen durch „anders“. Aber wenn man sich die Zukunft linear als immer besser werdend vorgestellt hat, dann erlebt man einen Zukunftsverlust, verbunden mit Verlustangst, auch mit Verlustwut. Das zeigt sich auch im Umgang mit der ökologischen Bedrohung.

Wenn der Verlust uns emotional betrifft, unsere Identität tangiert, dann schmerzt uns das, und wir haben den Eindruck, so nicht mehr sinnvoll weiterleben zu können. Das ist vergleichbar der Todeserfahrung beim Tod eines nahen Menschen: Hier ist der trauernde

Mensch auch überzeugt, ohne diesen Menschen kein sinnvolles Leben mehr führen zu können. Auch Reckwitz sieht die Erfahrung von Tod als das Paradigma der Verlusterfahrung und damit auch die Notwendigkeit des Trauerns. Tod ist unkontrollierbar, wir erleiden ihn, und wir können die Emotionen, die damit verbunden sind, nicht ausschalten. Das Verschwinden, die Verlusterfahrungen bewirken einen Identitätsverlust. Psychologisch gesehen gewinnen wir durch die Trauerarbeit eine vom Verstorbenen abgelöste Identität. Beim Verlust des Verschwindens ginge es also auch darum, ohne das Verlorene, Verschwundene wieder ein sinnvolles Leben zu führen. Das bedeutet, dass Trauerarbeit wichtig wird, dass sie dort geleistet werden müsse, wo ein Verlust unsere Identität in Frage stellt. Natürlich braucht es auch Verlustprävention; diese sieht Reckwitz im Vorsorgestaat. Er meint, dass unsere Staaten viel Energie in die Vorsorge stecken müssen, damit wir diese Verluste verkraften können. Dies auch deshalb, weil diese Veränderungen auch Traumatisierungen bewirken können. Das ist vor allem dann der Fall, wenn wir nicht spüren, dass wir Verluste erleben, die unsere Identität tangieren. Aber sie lösen große Wut aus. Das kann wiederum den Eindruck erwecken, dass in dieser Gesellschaft, in diesem Leben, einfach alles den Bach hinuntergeht, wir wenig Einfluss darauf haben und Kontrolle kaum möglich ist. Das löst Angst aus. Auch für den Soziologen.

Die wichtigste Möglichkeit, mit Verlusterfahrungen umzugehen, ist die Arbeit an den Erinnerungen, die von Marcel Prousts Werk *Auf der Suche nach der ver-*

lorenen Zeit her bekannt ist. Aktuell beschäftigen sich viele Menschen mit ihrer Lebensgeschichte, machen Biografiearbeit. Wir erinnern uns, stellen uns vor – möglichst lebendig –, wie unser Leben zu einem bestimmten Zeitpunkt war; wir vergegenwärtigen uns die vergangene Situation und holen sie so in die Gegenwart zurück. Aus diesen vergegenwärtigten Erinnerungen können auch neue, an unsere jetzige Lebenssituation angepasste Vorstellungen und Sehnsüchte für die Zukunft entstehen – so könnte man dem Zukunftsverlust begegnen. Man kann sich aber auch gefühlsmäßig in der Vergangenheit einrichten und sich der Zukunft verweigern.

Nostalgische Tagträume – nostalgische Emotionen

Die nostalgische Emotion wird von Sedikides[76] und seinen Mitforschenden als eine vorwiegend positive, soziale und vergangenheitsorientierte Emotion verstanden. In der nostalgischen Träumerei erinnere man sich an eine Erfahrung aus der Kindheit oder einfach aus der Vergangenheit, an eine wichtige, einem meist liebe Erinnerung, die in der Regel etwas verklärt wird. Man vermisst dabei die entsprechende Zeit oder die Person, kann sich auch danach sehnen, in diese Zeit zurückzukehren. Man ist zufrieden, gleichzeitig traurig und sehnsüchtig. Es geht um ein gefühlsmäßiges Sehnen, ein wehmütiges Sich-Beziehen auf die Vergangenheit. In der Wehmut sind Trauer, Liebe und Melancholie enthalten.[77] Trauer und Freude können nebeneinander erlebt werden, Trauer über das Vergangene, aber auch Dankbarkeit für das Gewesene. Sedikides und seine Mitforschenden stellten in Studien fest, dass Menschen, die ihre nostalgischen Erinnerungen niederschrieben, dabei mehr positive als negative Gefühle erlebten.[78]

Nostalgie wird erlebt als eine emotionale Reaktion auf Übergänge und Brüche im Leben, auf die Vergänglichkeit. Es gibt einen erfahrbaren Kontrast zwischen dem Jetzt und dem, was in der Vergangenheit war, etwa bei der Erfahrung von Tod, Beziehungsabbrüchen, gesundheitlichen Problemen, wirtschaftlichen Krisen usw. Diese Brüche, diese Übergänge lösen Angst, Unsicherheit, Besorgnis aus. Eine Reaktion darauf ist die Nostalgiefantasie und damit verbunden zunächst die Idee, dass die Vergangenheit besser war als die Gegenwart. Das kann auch zu restaurativer Nostalgie führen, d. h. zu einer Haltung, bei der man sich in der Vergangenheit einrüstet und sich der Zukunft verweigert.

Restaurative Nostalgie – reflektive Nostalgie

Svetlana Boym[79], die sich intensiv mit Nostalgie auseinandergesetzt hat, unterscheidet zwischen „restaurativer" und „reflektiver" Nostalgie.

Eine „restaurative" Nostalgie strebt eine über die Geschichte hinweggehende Rekonstruktion der verloren geglaubten Heimat an. Sie denkt sich selber nicht als Nostalgie, sondern eher als Hüterin von Tradition und Wahrheit. Die „reflektive" Nostalgie spürt sehnsüchtig zurück, wehmütig, verzweifelt, stellt aber die Möglichkeit eines vollständigen Heimkommens in Frage. Sie spielt sich zwischen der rückwärtsgewandten Sehnsucht und der Sehnsucht dazuzugehören ab, verschließt sich aber nicht vor den Anforderungen des modernen Lebens, das gestaltet werden will. Restaurative Nostalgie schützt eine absolute Wahrheit, reflektive Nostalgie stellt ebendiese in Frage. Die reflektive Nostalgie ist eine produktive Nostalgie: Sie erkennt sich selber als Nostalgiefantasie, sie trägt uns zurück in unsere Vergangenheit, aber in einer solchen Weise, dass wir nicht der Gegenwart und der Zukunft entfliehen können. In der reflektiven nostalgischen Erfahrung erleben wir so etwas wie die Kontinuität und die Diskontinuität unseres Lebens zugleich, auch die Unsicherheit, ob wir je zu Hause sind, überhaupt ein Zuhause haben. Die reflektive Nostalgie entspringt der Sehnsucht nach dem Zuhause und der Erfahrung, nie ganz zu Hause zu sein, jedenfalls nicht in der Vergangenheit, in bereits vergangenem Leben.

In der restaurativen Nostalgie erfolgt der Rückzug dagegen aus Angst oder aus Ressentiment. Und wenn der Rückzug zu einem Dauerzustand wird, führt er zu einer unrealistischen Aufwertung der eigenen Gruppe und zur Abwertung derer, die nicht dazugehören. Der Respekt wird den anderen Menschen versagt, Vertrauen zu anderen wird geringer, Beziehungen werden überwiegend nur noch in der eigenen Gruppe eingegangen. Man kann sich natürlich ausmalen und diese Fantasie auch mit anderen teilen, dass man abgeschottet, alles Fremde und Verstörende abwehrend, wieder ein Leben führen könnte, das „in Ordnung" ist, das alte, gute Leben mit den Versprechungen auf eine gute Zukunft – und dafür kämpft man ja auch. Aber das wird so nicht sein. Leben war ja nie einfach „in Ordnung", ruhig, überschaubar, ohne Probleme. Und vieles ist einfach vorbei, tot. In der restaurativen Nostalgie will man zurückhaben, was vergangen ist, und es zu einer andauernden Gegenwart machen. Aber das geht so nicht, man kann die Zeit nicht außer Kraft setzen. Etwas, das verloren ist, müsste vielmehr betrauert werden, aber gerade das versucht man zu negieren. Es ist jedoch unabdingbar, um unwiederbringlich Vergangenes zu trauern, es loszulassen. Dann ist es möglich, das Verlorene in lebendiger Erinnerung zu behalten und sich der Zukunft zuzuwenden, um das Leben neu zu gestalten.

Erinnerungen an gelebtes Leben können aber gerade auch eine Quelle für positive Emotionen sein: Man erinnert sich etwa daran, wie geborgen man sich in einer bestimmten Situation gefühlt hat, wie inspiriert man im Kreis von interessierten Menschen war. Das stimuliert die Bindungsbereitschaft und erinnert uns an ein sinnvolles Leben.[80] Die nostalgische Emotion mit den damit verbundenen Imaginationen kann existentielle Bedrohungen in den Hintergrund treten lassen. Das heißt, mit existentiellen Ängsten kann dadurch besser umgegangen werden. Positive Emotionen „puffern" die Angst ab.

Für Trauernde ist dieser Prozess des Erinnerns, bei dem viele nostalgische Gefühle aufkommen, gerade paradigmatisch für den Umgang mit dem Verlust: Man hat jemanden verloren, man hat viel verloren, ohne

Zweifel – aber die Erinnerung an das gelebte Leben bleibt und kann einen mit Lebendigkeit erfüllen.

Als Gesellschaft kümmern wir uns um die Pflege der Erinnerungen in der Erinnerungskultur: Viele Gegenstände, die verschwinden, verschwinden nicht völlig, weil sie noch in Museen oder Archiven aufbewahrt und zum Teil auch zugänglich gemacht werden. Die Menschen kümmern sich auch vermehrt um das kulturelle Gedächtnis, exemplarisch dargestellt in Forschungen von Jan Assmann[81]. Wir brauchen aber nicht nur Orte der kollektiven Erinnerung, sondern auch gemeinsame Räume, in denen wir uns darüber austauschen, was wir verloren haben, was für uns einen großen Wert hatte. Das nicht in dem Sinne, dass wir uns als große Verlierer oder als große Opfer darstellen, sondern um zu akzeptieren, dass es ist, wie es ist, dass wir aktuell vielfach die Erfahrung machen, dass vieles – uns auch Liebes – schnell verschwindet, Neuem Platz macht. Wenn wir uns mit diesen Verlusten nicht bewusst auseinandersetzen, wenn wir sie verdrängen, werden wir eines Tages damit konfrontiert. Dann könnten wir plötzlich alle das Gefühl haben, Verlierer zu sein, befürchtet Retzwick. Eine Kultur des Verlusts braucht aber nicht nur Erinnerung, sondern auch Trauerarbeit, auch gemeinsame, sonst sind wir in Gefahr, uns in der Vergangenheit, die es so nicht mehr gibt, einzurichten und uns dem Fortgang des Lebens zu verweigern.

„Doing loss“, Trauerarbeit, ist also unabdingbar. Aber wie machen wir das? Darum geht es im nachfolgenden Kapitel.

11. Trauern: das Paradigma für den Umgang mit Verlust

Bei Erfahrungen von Verlust trauern wir. Der Trauerprozess beim Verlust eines geliebten Menschen ist das Urmuster des Umgehens mit Verlustkrisen und kann mit verschiedenen Akzentüierungen auf alle Trauersituationen übertragen werden.[82]

Wir Menschen sind vom Gefühl der Trauer erfasst, wenn wir etwas verlieren, was für unser Lebensgefühl zentral wichtig war, zu unserer Selbsterfahrung und Identität unabdingbar dazugehört. Es können Menschen sein, Tiere, Lebenssituationen, Gegenstände und anderes, was wir verlieren; ich spreche jetzt der Einfachheit halber vom Verlust eines uns nahestehenden Menschen.

Trauern ist ein langwieriger, schwieriger, emotional berührender Prozess. Das Gilgamesch-Epos hat deutlich gezeigt, dass Trauer nicht nur bedeutet, traurig zu sein und zu weinen, es ist ein viel komplexerer Prozess. Natürlich hat auch Gilgamesch sechs Tage am Grab – an der Liegestätte – von Enkidu geweint, aber auch Kummer, Wut, Verzweiflung und die Angst vor dem eigenen Sterbenmüssen haben ihn leibhaftig erfasst. Viele verschiedene Emotionen sind im Mythos beschrieben, vor allem eine große Verzweiflung, und all dies sind Trauerreaktionen, die man auch bei heutigen Menschen beobachten kann, die einen geliebten Menschen verloren haben. Durch das Zulassen der verschiedenen Emotionen kommt der Trauerprozess in Gang – ein Entwicklungsprozess, durch den wir uns langsam und sehr schmerzhaft ablösen und uns eben auf unser eigenes Selbst zurückorganisieren, dabei auch wieder eine neue Identität gewinnen. Sich auf das eigene Selbst zurückzuorganisieren heißt, ohne den Menschen, den man verloren hat, leben zu lernen.

Verlust und Bindung

Den Verlust eines Menschen müssen wir aus der Beziehung heraus verstehen. Wenn wir uns auf Menschen einlassen, dann entsteht eine Bindung, wobei das nicht nur die ganz engen Beziehungen sein müssen. Wir haben ganz verschiedene Beziehungen, sind mit Menschen zusammen, zu denen wir eine unterschiedliche Nähe und Distanz haben, wir leben in einem Gewebe von Beziehungen. Es tut weh, wenn ein Mensch, mit dem wir in irgendeiner näheren Verbindung standen, gestorben ist. Wenn es der nächste Mensch ist, dann kann sein Tod uns fast zerstören. Von der Liebe versprechen wir uns die Aufhebung der existentiellen Einsamkeit, und der Tod eines geliebten Menschen wirft uns in diese Einsamkeit zurück. Da sind wir allein, und das müssen wir aushalten. Das halten Menschen auch aus, auch wenn es sehr schwierig ist: Es ist eine wichtige existentielle Situation. Wenn wir uns dem Trauerprozess stellen, können wir uns durch ihn wieder neu in Beziehungen begeben und ins Leben zurückfinden.

Wenn wir mit einem Menschen eine Beziehung aufbauen, dann wachsen wir mit diesem Menschen zusammen, und wenn es gut geht, wächst man auch ein bisschen in die Höhe, um im Bild zu bleiben. Gelegentlich stört man auch einander beim Wachsen. Dieses Zusammenwachsen in einer Beziehung ist der Grund dafür, dass Trauernde sagen, sie würden sich wie entzweigerissen fühlen, wie eine blutende Wunde oder ohne Luft zum Atmen. Dieses Gemeinsame, das Vertraut-geworden-Sein miteinander, kann von einem Moment auf den anderen nicht mehr erlebbar sein, und es ist irreversibel. In dem Moment, in dem ein Mensch seinen letzten Atemzug tut, ist er nicht mehr derselbe Mensch. Und man spürt sehr genau, dass da etwas zu Ende gegangen ist. Man kann es nicht mehr rückgängig machen, und man kann auch nichts Neues mehr mit diesem Menschen beginnen. Der Tod unterbricht abrupt, bricht ab und verändert das ganze Leben fundamental. Man versteht sich selbst nicht mehr, man versteht die Welt nicht mehr, man leidet unter einer Identitätskrise, wie sie schon von Augustinus beschrieben wurde. Man muss sich neu zurechtfinden im Leben – ohne diesen Menschen. Und das auch ohne den Menschen, der da war, wenn das Leben schwierig war.

Wenn ein uns nahestehender Mensch stirbt, verlieren wir oft eine – manchmal auch unsere einzige – Bindungsperson. Wir Menschen leben von Anfang an in Beziehungen, in Bindungen. Wenn etwas im Leben schwierig wird, wenn wir Angst haben, dann wenden wir uns an jemanden, von dem wir hoffen, dass er oder sie helfen kann. Als Kind wendet man sich an einen Elternteil oder an einen „Älteren“ und bekommt Hilfe oder wird zumindest entängstigt. So ist dies aber auch im späteren Leben. Bindungspersonen sind diejenigen Personen, denen wir vertrauensvoll zugewandt sind. Wenn wir verschiedene Bindungspersonen haben, bekommen wir Hilfe und Zuspruch in einer schwierigen Lebenssituation. Aber viele Menschen haben nur eine einzige Bindungsperson: Das ist die Person, mit der sie sich austauschen, wenn etwas im Leben schwierig ist. Und beim Verlust dieser Bindungsperson, im Zustand der vielleicht größten emotionalen Verwirrung, ist niemand da, der Austausch und Trost ermöglichen könnte. Wir verlieren den wichtigsten Menschen, wir verlieren mit diesem Menschen auch jemanden, der uns geholfen hat, unsere Gefühle zu regulieren, und uns Geborgenheit gegeben hat.

Das Beziehungsselbst

Wir haben aber nicht nur die Bindungsperson verloren, sondern auch unser Beziehungsselbst ist zu einem Ende gekommen, und wir müssen uns auf das eigene Selbst zurückorganisieren. Diese Situation muss bestanden werden, das ist die existentielle Herausforderung. Weil wir miteinander in Beziehung stehen, wir uns auch körperlich einander zugehörig fühlen, wir miteinander Emotionen teilen und daher miteinander verbunden sind, können wir von einem Beziehungsselbst sprechen. Es ist eine Erfahrung von „Selbst", in der wir nicht so schnell entscheiden können, ob es nun „mein Selbst" ist oder doch eher das „Selbst des anderen" – oder eben etwas, an dem beide in nicht wirklich zu bestimmender Weise Anteil haben und das ein Gefühl der Zugehörigkeit auslöst. Dabei ist im Laufe der Zeit auch eine wechselseitige Belebung von Persönlichkeitsanteilen auszumachen, die als das erlebt wird, was in der Beziehung im Laufe der Zeit gewachsen ist. Das zeigt sich auch im Miteinander-Erinnern der gemeinsamen Geschichte, bei dem oft Aspekte des Werdens dieses Beziehungsselbst noch einmal benannt werden – auch mit Dankbarkeit für die Anregungen durch den anderen Menschen, aber auch mit Wut über wirkliche oder vermeintliche Behinderungen durch den anderen. Fantasien für die Zukunft, gemeinsame Planungen, entspringen auch diesem Beziehungsselbst.

Das Beziehungsselbst ist ein Selbst, das im Laufe der Zeit zwischen den beiden in einer Beziehung stehenden Menschen entsteht. Wir haben unser eigenes Selbst, wir haben auch ein Beziehungsselbst. Das Beziehungsselbst entwickelt sich durch die gelebte Ich-Du-Beziehung, besonders durch das wechselseitige Wahrgenommenwerden. Wenn wir von einem Menschen wahrgenommen werden, dann werden wir immer wieder in unserer Identität versichert. Dazu braucht es keine großen Worte, man wird angeblickt, wahrgenommen, angeschaut: freundlich und gelegentlich auch ärgerlich. Aber das heißt immer, dass man existiert. Wir erleben über das Angesehenwerden unseres Körpers durch andere Menschen viele Verunsicherungen, wir werden aber auch durch Blicke, durch wichtige bestätigende Gesten in unserer Existenz versichert. Das sind meistens unbewusste Prozesse. Wenn man wirklich durch den anderen oder die andere wahrgenommen wird, nährt das unser Gefühl zu existieren, vor allem aber auch, für diesen Menschen zu existieren, dazuzugehören. „So wie der verstorbene Mensch mich angeschaut hat, so schaut mich niemand mehr an", bedauern viele Trauernde. Der Blick, mit dem wir angeschaut und wahrgenommen werden, wird als spezifisch erlebt: Die Eltern haben uns anders angeschaut als die Großeltern, anders als eine Freundin, anders als der Nachbar, aber der jeweilige Blick war ein besonderes Zeichen der anerkennenden Gemeinsamkeit und erst, wenn dieser Blick fehlt, wird man sich seiner Kostbarkeit bewusst.

Zur Ich-Du-Beziehung gehört dann weiter auch der gestaltete Alltag, gehören die geteilten Interessen, Werke, die man vollbracht hat, vollbringt und die, die man noch realisieren möchte. Diese Werke können unterschiedlich sein: Es können Kinder sein, Großkinder, Projekte, die man miteinander in Angriff genommen, Unternehmungen, die man miteinander gestaltet hat. Es ist das, was man miteinander gestaltet, wozu man einander angeregt, was man beim anderen herausgefordert, vielleicht herausgeliebt hat. Man hat meistens noch viele Pläne in Beziehungen, man kann noch vieles – irgendwann später – in die Welt setzen.

Oft wird in einer Beziehung etwas möglich, was einer allein nicht hätte verwirklichen können. Manchmal ist das den Trauernden bewusst, und sie fürchten dann um ihre Zukunft. Ein Mann erzählt: „Ich war eigentlich immer ziemlich feige. Und dann habe ich diese Frau getroffen. Sie hat mir das einfach nicht abgenommen. Sie betonte immer wieder, eigentlich sei ich sehr mutig. Und ich wurde immer mutiger. Aber jetzt habe ich sie verloren, und jetzt werde ich dann eben wieder feige." Er wurde nicht feige, aber er sagte es so im Trotz gegen den Verlust – und befürchtete es wohl auch, im Sinne von: Wenn die Frau jetzt nicht mehr da ist, dann habe ich auch das, was sie aus mir herausgeliebt hat, nicht mehr.

In diesem Beziehungsselbst können sich kreative, aber auch schwierige Wechselwirkungen niederschlagen: Eine Frau, die sich selbst „in ihren jungen Jahren" als sehr vertrauensvolle Person wahrnahm, wurde in ihrer Partnerschaft immer wieder belogen und betrogen und wurde „profund misstrauisch". Sie hat es heute schwer, jemandem zu trauen, und bedauert, ihr früheres vertrauensvolles Wesen verloren zu haben. Aufgrund der wechselseitigen Beziehung können auch gewisse eigene Möglichkeiten brachliegen: Man kann nie einen Menschen finden, der in einer solchen Weise eine Antwort auf einen selbst darstellt, dass alles, was in einem angelegt ist, auch wirklich gelebt werden könnte. Es gibt Selbstanteile, die wesentlich mehr dem eigenen Selbst entspringen, an dem der Partner oder die Partnerin kaum Anteil hat, die aber auch gelebt werden müssen. Da ist zum Beispiel der Mann, der gesagt hat: „Ich habe mich früher ungeheuer fürs Theater interessiert. Meine Frau interessierte sich aber nur für die Oper, und so bin nie mehr ins Theater gegangen." Es wäre wichtig gewesen, weiter ins Theater zu gehen. Dieses Bedürfnis entspricht einem eigenen Selbstanteil. Auf diese eigenen Selbstanteile kann man sich im Trauerprozess beziehen.

Das Beziehungsselbst kann man als Ergebnis der Kommunikation, wie Jaspers sie beschreibt, verstehen. Kommunikation bleibt bei Jaspers auch nach Verlust des Menschen „existentielle Gegenwart“[83]. Das kann man auch vom Beziehungsselbst sagen: Es bleibt in der Erinnerung, doch um weiterleben zu können, muss man sich auf die individuellen Selbstanteile beziehen.

Das eigene Leben leben

Menschen passen sich unterschiedlich aneinander an; so gibt es Trauernde, die von sich sagen, dass sie „ganz in ihrem Partner aufgegangen sind“. Sie haben sich ganz und gar angepasst, kümmerten sich nicht mehr um die eigenen Wünsche und Ansichten – es war gut so, wie es war. Sie haben sich als selbstlos verstanden, waren im wahrsten Sinne des Wortes „selbst-los“, d. h. sind ihr eigenes Selbst losgeworden und haben sich an das Selbst des Partners oder der Partnerin angepasst. Wenn man sich im Trauerprozess auf das eigenes Selbst bezieht, muss man bei dieser übergroßen Anpassung die eigenen Selbstanteile wiederfinden. Diese Trauernden wollen noch vehementer als andere den verstorbenen Menschen zurückhaben. Sie fühlen sich orientierungslos und reagieren auf den Verlust oft mit Depressionen.

Beim Tod des Nächsten werden wir auf unser eigenes Leben zurückgeworfen, auf unser eigenes Selbst. Das ist die existentielle Herausforderung, wie sie Jaspers beschrieb. Die Erschütterung soll dazu führen, das eigene Leben zu leben, nicht das Leben der anderen:

Was spricht mich an im Moment, was wünsche ich, was freut mich, was ist mir wichtig an meinen Erinnerungen, was sind meine Pläne? Das sind pragmatische Fragen nach dem eigenen Selbst.

Das eigene Leben zu leben oder das eigene Leben zu verpassen, ist eine Frage der Anpassung. Natürlich müssen wir uns aneinander anpassen. Wir leben miteinander, wir passen uns an, wir möchten auch dazugehören, wir passen uns auch in Gruppen an. Doch dieses Anpassen kann dazu führen, dass wir den Eindruck haben, dass das Eigene, unsere genuinen Wünsche und Interessen, untergehen. Das Leben zusammen mit anderen Menschen gibt uns ein Gefühl der Geborgenheit, wir haben aber auch eigene Bedürfnisse. Die entscheidende Frage ist: Lebe ich auch mein eigenes Leben, oder erfülle ich die – oft auch nur die vermeintlichen – Ansprüche anderer Menschen, denen ich mich zugehörig fühlen möchte?

Anpassung und das Streben nach Autonomie sind frühe Themen in der Entwicklung eines Kindes. Wir alle kennen Kinder, die, sobald sie laufen können, den Eltern davonrennen, und kaum fallen sie hin, rufen sie nach den Eltern. Diese Kinder können sich nur deshalb so lustvoll in die Welt wagen, weil sie darauf vertrauen, dass Menschen da sind, die sie auffangen. Menschen passen sich an, und Menschen wollen auch autonom sein – beides ist ein Bedürfnis. Das Autonomiestreben kann übertrieben wertgeschätzt und dementsprechend entwickelt sein, aber auch das Bedürfnis nach Anpassung. Im Trauerprozess, in der Ablösung vom Beziehungsselbst zum individuellen Selbst, ist das Thema der zu großen Anpassung und dadurch der zu geringen Autonomie ein wichtiges Thema.

Die Anpassung beginnt früh: Wir passen uns in der Familie an, wie versuchen ungefähr so zu leben, wie die Eltern es von uns wünschen. Dann kommt die Pubertät, und wir machen das Gegenteil. Aber das Gegenteil ist auch nicht unbedingt etwas ganz Neues und vor allem auch nichts besonders Authentisches. In der Adoleszenz reflektieren wir, was wirklich zu uns gehört, zu unserer gefühlten Identität, und was uns eher nur von außen zugeschrieben wird.[84] Wir können uns von außen betrachten, wir können aber auch Stellung beziehen, indem wir unsere Gefühle dazu befragen.

Wissen, was zu uns gehört, können wir nur, wenn wir mit unseren Gefühlen in Kontakt sind. Wir entwickeln Autonomie, wie wir es schon als kleines Kind getan haben, als wir „Selber!“ gerufen haben. Das ganze Leben ist ein Streben nach Autonomie, aber auch nach Verbundenheit, denn wir Menschen brauchen andere Menschen, wir brauchen das Gefühl, dass wir dazugehören. Und deshalb kann die Anpassung übertrieben und das eigene Selbst zu wenig entwickelt werden. Dann aber wissen wir nicht, wer wir sind, und wir suchen die Anerkennung der anderen, die uns die verlorene Sicherheit geben. Erich Fromm mahnte zur Bescheidenheit, indem er sagte, wir müssten zumindest versuchen, nicht als Kopie der Eltern zu sterben. Er war der Ansicht, dass wir uns mehr, als uns lieb sein kann, an unsere Herkunft anpassen, aber auch an die kulturellen Gegebenheiten, an das, was im Moment „Mode“ ist.

Abschiedliche Existenz in diesem Zusammenhang würde bedeuten, sich immer wieder die Frage zu stellen, wie weit ich in der Verbindung mit anderen Menschen „mein Leben lebe", ob ich spontan und kreativ sein kann oder ob ich eher erfülle, was andere von mir erwarten – „Ich bin, wie du mich haben willst" –, und dabei mich selber verrate.

Es gibt Persönlichkeitsanteile, die in einer Beziehung nicht miteinander geteilt werden, die aber – wenn es gut geht – als Aspekte akzeptiert werden, die zum anderen Menschen gehören, ihm zu eigen sind, auch wenn man sie nicht wirklich versteht oder wenn sie als Verhaltensauffälligkeiten anstrengend sind, einen aufregen, vielleicht aber auch anregen. Diese Persönlichkeitsanteile sind Ressourcen im Trauerprozess, es sind diejenigen Selbstanteile, auf die man sich zurückorganisieren kann.

Die notwendige Ablösung im Trauerprozess vom Beziehungsselbst hin zum individuellen Selbst wird als eine Identitätskrise erlebt: Man versteht sich selbst nicht mehr, versteht aber auch die Welt und die anderen Menschen nicht mehr. Man kann sich desorientiert vorkommen, wenig belastbar, befindet sich in einer Phase der „Häutung", wie es eine Trauernde einmal ausdrückte. Dies ist zum Teil deshalb so, weil der verstorbene Mensch viel im gemeinschaftlichen Leben übernommen hatte, was jetzt als belastende Aufgabe einem selbst zufällt, zum Teil aber auch, weil man nicht mehr die Person ist, die man war, als man in dieser Beziehung gelebt hat. Trauernde verändern sich auch durch den Schock des Verlusts – das ist ein weiterer

Aspekt der Veränderung der Identität. Der Einbruch des Schicksals bewirkt, dass man besser als zuvor spürt, was wichtig ist. Trauernde gelten oft als „schwierig", der Umgang mit ihnen als kompliziert. Sie sind auf den Verlust und die innere Ablösung konzentriert und können sich daher nur schlecht auf andere ausrichten. Trauernde möchten den verstorbenen Menschen zurückhaben, und die sie in der Trauer begleitenden Menschen sind zwar für sie wichtig, aber sie können ihnen den Verstorbenen natürlich nicht ersetzen.

Der Trauerprozess

Wir Menschen trauern mit allem, was uns ausmacht. Es gibt Menschen, die von Lebensbeginn an über ein hinreichend positives Mutterfeld verfügen. Andere Menschen und die Welt begegnen ihnen freundlich, mütterlich nährend und schützend. Sie können auf Bindungen vertrauen, haben altersgemäß Autonomie und Selbstanteile entwickeln können, leiden natürlich auch sehr unter Verlusten, aber vertrauen darauf, dass das Leben auch in einer guten Weise wieder weitergeht. Andere haben schon frühkindlich immer wieder Verlusterlebnisse verkraften und um sichere Beziehungen kämpfen müssen, ihr Leben ist von früh an geprägt von schmerzhaftem Verlassenwerden oder Kampf um Zugehörigkeit. Diese persönliche Beziehungsgeschichte, die Menschen mitbringen, die färbt dann natürlich auch die Trauer.

Wenn Trauerprozesse beschrieben werden,[85] sind diese Texte keine Anweisungen zum Trauern, denen einfach zu folgen wäre, aber sie können hilfreiche Anregungen geben. Oft ist der Trauerprozess von charakteristischen Träumen begleitet, die auch Entwicklungsschritte anregen. Der Sinn des Trauerprozesses ist, immer mehr zum eigenen Selbst zu finden, immer besser leben zu können – ohne den verstorbenen Menschen in der äußeren Welt, aber so, dass das, was in der Beziehung mit ihm gewachsen ist, ins eigene Leben integriert werden kann. Der verstorbene Mensch wird auch verinnerlicht, im besten Fall wird er zu einer guten inneren Gestalt, an die man gerne und mit Liebe denkt.[86]

Der Schock

Wenn man einen Menschen verloren hat, der für einen wichtig war, will man das zunächst nicht glauben, nicht wahrhaben. Den Tod kann man nicht verstehen. Man fühlt sich seelisch und körperlich wie taub. Man weigert sich zu glauben, dass der Mensch wirklich gestorben ist. Man steht unter Schock. Diese Phase ist kurz, sie ist verbunden mit den Beerdigungsfeierlichkeiten, die meistens erstaunlich gut überstanden werden, weil man sich noch im Schockzustand befindet und von den heftigen Emotionen noch dissoziiert ist.

Das Ritual der Beerdigung

Das Beerdigungsritual, so wie es sich an vielen Orten eingebürgert hat, kann als Modell für den nachfolgenden Trauerprozess gesehen werden. Rituale helfen uns im Umgang mit großen Emotionen. Sie geben dem Erleben eine Struktur und vermitteln das Gefühl, dass auch diese schwierige Situation mit anderen zusammen bewältigt werden kann. Gerade beim Verlust durch Tod bringt das Ritual der Beerdigung auch zum Ausdruck, dass der Tod nicht nur die direkt Hinterbliebenen betrifft, sondern viele, die den Menschen gekannt haben, und es erinnert zudem daran, dass alle sterben müssen.

Das Beerdigungsritual kann insofern als ein Modell des Trauerprozesses verstanden werden, als die wichtigen Elemente des Trauerns hier ein erstes Mal erfahrbar werden. Man gedenkt der verstorbenen Person, lässt sie noch einmal „auferstehen". Man spricht über sie, über ihr Leben, ihr Wesen – man erinnert sich und erlebt, dass dieses Leben jetzt zu einem Ende gekommen ist. Dabei sind diese Erinnerungen mit großen Emotionen verbunden, die Musik, die meist gespielt wird, fördert dies zusätzlich und gibt den Emotionen auch einen Rahmen. Dann geht man zum Grab und trennt sich vom Verstorbenen. Anschließend teilt man miteinander das Trauermahl. Noch einmal werden Erinnerungen ausgetauscht – jetzt offener als im sakralen Raum. Man fragt sich, was der Verstorbene für das eigene Leben bedeutet hat, man erinnert sich an wichtige Begegnungen. Miteinander wird aber auch gegessen und getrunken, gemeinsam wendet man sich wieder dem Leben zu. Der Verstorbene liegt auf dem Friedhof – getrennt von den Lebenden –, aber er ist befriedet.

Auch wenn wir heute neue Formen der Beerdigung haben, meine ich, dass es psychologisch hilfreich ist, das Ritual beizubehalten. Die emotionale Würdigung durch die Erinnerung an den verstorbenen Menschen, die Musik, die Grablegung als solche und das anschließende gemeinsame Mahl scheinen mir unverzichtbare

Aspekte dafür zu sein, sich vom Verstorbenen ablösen zu können.

Aufbrechende chaotische Emotionen

Nach und nach, aber auch durch den Anblick der Trauer von Mitmenschen, werden die verschiedenen Emotionen, die wir unter Trauer subsumieren, wach, und sie begleiten den Trauerprozess über einen längeren Zeitraum. Ich habe diese Phase des Trauerns als die „Phase der aufbrechenden chaotischen Emotionen“[87] bezeichnet; chaotisch, weil verschiedene, auch sich heftig widersprechende Gefühle erlebt werden: Kummer – verbunden mit Weinen –, Angst, Zorn, Schuldgefühle, Sehnsucht, Liebe, Gefühle der Dankbarkeit, Freude … Im Gilgamesch-Epos fand sich eine Darstellung dieser unruhigen, von verschiedenen Emotionen getriebenen Lebenssituation. Mit „Phase“ meine ich eine Zeit, die vor allem durch diese immer wieder aufbrechenden unterschiedlichen Emotionen charakterisiert ist, mit denen man umgehen muss. Es gibt aber auch während dieser Phase kleine Zeiten der Gelassenheit, der Dankbarkeit. Durch diese ruhigen Situationen, die oft auch erlebt werden, wenn ein trauernder Mensch seiner gewohnten Arbeit nachgeht, wird das emotionale Leben stabilisiert. Grundsätzlich sind diejenigen Emotionen wahrzunehmen und auszuhalten, die jeweils erlebt werden, nicht die, von denen man denkt, man müsste sie haben. Und die Mitmenschen müssen das ebenfalls aushalten.

Häufig treten Schuldgefühle auf. Diese versucht man loszuwerden, indem man Sündenböcke sucht: in der Familie, indem man einem Familienmitglied die Schuld am Tod der oder des Verstorbenen gibt, in der Pflegeeinrichtung, bei den Ärzten und Ärztinnen. Manche Menschen bleiben in ihren Schuldgefühlen stecken, und dann wird der Trauerprozess blockiert.

Exkurs: Die Blockade durch Schuldgefühle

Im Roman *Marianengraben*[88] von Jasmin Schreiber ist das Thema eines durch Schuldgefühle blockierten Trauerprozesses und der Auflösung der Blockade beispielhaft dargestellt. Jasmin Schreiber ist Biologin und Journalistin; bekannt ist sie unter anderem auch dafür, dass sie „Sternenkinder" – Kinder, die entweder tot geboren wurden oder rasch nach der Geburt gestorben sind – fotografiert hat.

Marianengraben ist ein Buch über tiefe Trauer, verbunden mit einer beachtlichen Heiterkeit: Wenn man sich den Emotionen des Trauerns überlässt, nimmt man den Tod ernst, und dann kann auch das Heitere im Leben erlebt und gesehen werden. Ausgangspunkt der Handlung ist: Paula hat ihren kleinen Bruder Tim verloren, der ertrunken ist. Der Marianengraben, eine Tiefseerinne im Pazifik, mit der Maximaltiefe von etwa 11 000 Meter unter dem Meeresspiegel, der größten Tiefe, die wir kennen, war ein wichtiges Thema in den Gesprächen der beiden; er bleibt auch nach dem Tod des Bruders eine gemeinsame Erinnerung, das „gemeinsame" Sprechen darüber geht in der aktuellen Vorstellung weiter. Die beiden Geschwister waren sehr kreativ in diesen Gesprächen: Paula hatte Tim versprochen, in diesem Marianengraben einmal zu forschen, und wenn sie dort dann einen Fisch fände, der noch keinen Namen hätte, würde sie ihn Tim nennen. Dieser geliebte kleine Bruder ist nun gestorben, ertrunken. Paula trauert zwei Jahre lang. Sie hat aufgehört, an ihrer Dissertation zu arbeiten. „Depression nennt man das", sagt sie und holt sich ärztliche Hilfe. Hier wird ihr erklärt, dass ihre Trauerreaktion pathologisch sei, und sie schreibt: „Ich war ein bisschen falsch traurig, also ungesund traurig, so habe ich es damals zumindest aufgefasst […]. Für mich klang es jedenfalls wie: *zu* traurig. Und ich dachte mir: Hä, wie kann das sein? Ich fand, dass ich gar nicht traurig genug war, weil mein Herz ja noch schlug, obwohl ich eigentlich dachte, ohne dich sterben zu müssen, ganz im Ernst."[89] Dies erinnert an die Trauerreaktionen von Gilgamesch, von Augustinus.

„Ich jedoch hing irgendwie fest, weshalb mir die Ärztin Medikamente verschrieb und das von der Krankenkasse angeforderte Formular ausfüllte, mit dem ich dann einen Therapieplatz suchen konnte.

Therapie fand ich dann so mittel. Die ersten Stunden saß ich meinem Therapeuten gegenüber, der mich fragte, wie es mit den Medikamenten so liefe, und mich anschließend fünfzig Minuten anschwieg, während ich irgendetwas aus mir selbst schöpfen sollte. Doch in mir gab es nichts zu schöpfen, ich saß im Marianengraben, mit einer kleinen Suppenkelle und sollte damit all das Wasser und den Schmerz aus mir herausholen, damit es mir besser ginge, ich sollte alles hochholen und zur Betrachtung ausbreiten und zeigen. Doch das funktionierte nicht. Ich saß elftausend Meter weit unten und der Druck war so hoch, dass von außen sofort wieder alles in mich einströmte, sobald ich ein bisschen abschöpfte."[90]

Diesem Therapeuten bekennt sie, sie sei noch nie auf dem Friedhof gewesen, sie habe das Grab ihres Bruders noch nie gesehen. Warum nicht? Da wären zu viele Menschen, sie fühle sich bedrängt von den vielen Menschen. Der Therapeut regt an, auf den Friedhof zu gehen, wenn keine Menschen da sind. Paula versteht das so, dass sie nachts auf den Friedhof gehen sollte, und findet das im Grunde genommen eine verrückte, aber gute Idee. Der Friedhof, auf dem ihr Bruder liegt, ist nachts geschlossen, also plant sie, in den Friedhof einzubrechen. Mit einer Leiter steigt sie über den Zaun. Sie findet das Grab ihres Bruders, hört aber plötzlich Lärm, jemand flucht ein wenig: Ein paar Gräber entfernt sieht sie einen alten Mann in einem Grab graben.

„Ich sah eine gebückte Gestalt, die definitiv mit einem Spaten in der Erde herumwühlte. Das alles sah mir jedoch wenig nach professioneller Gärtnerei aus." Er ist auch aufgeschreckt und ruft mit brüchiger Stimme: „Wer ist da?"[91] Paula versucht wegzugehen, stolpert und fällt über einen Grabstein. Und jetzt steht diese Person vor ihr und sie kann sehen, dass dieser Mensch nicht gefährlich ist. „Es war ein alter Mann, dessen dünne Haarsträhnen im leichten Sommerwind wehten. Ein bisschen sah er wie unser Ticktack-Opa auf alten Fotos aus. Oder wie ein Taubenküken. Die haben auch so einen wirren Flaum auf dem Kopf. Über dem Kragen des Hemdes starrte mich ein erschrockenes Gesicht misstrauisch und irgendwie auch wütend an. So viele Gefühle auf so wenig Zentimeter runzeliger Haut."[92]

Und jetzt findet ein klärendes Gespräch statt: Weshalb ist sie hier, weshalb besucht sie das Grab ihres Bruders nicht tagsüber? Ohne zu antworten, fragt sie zurück, warum er nachts auf dem Friedhof herumbuddelt. „‚Das geht Sie ja schon einmal gar nichts an', brummte der Mann."[93]

Aber irgendwann sagt er dann, er hole hier eine Freundin ab. Er buddelte die Urne seiner toten Freundin aus, weil er ihr versprochen hatte, mit ihr noch eine Reise in die Berge zu machen. Und jetzt will er wenigstens ihre Asche mit einem alten Camper in die Berge bringen. So kommen die beiden zusammen: Helmut und Paula. Helmut ist schwer krank und muss sich mit einem Atemgerät immer wieder Sauerstoff zuführen. Paula soll mitkommen auf diese Reise in die Berge, und diese ist nicht nur eine gemeinsame Reise, sondern auch ein Trauerweg: für Paula zurück ins Leben, für Helmut auf seinen Tod zu, aber zunächst ist es für ihn ein Trauerprozess: Er hat diese Freundin verloren.

Die beiden helfen einander: „Wenn Trauer eine Sprache wäre, hätte ich jetzt zum ersten Mal jemanden getroffen, der sie genauso flüssig sprach wie ich, nur mit einem anderen Dialekt."[94]

Auf diesem Weg in die Berge mit einem ganz alten Camper, dem immer der Motor auszugehen droht, findet Paula ein Huhn mit einem gebrochenen Bein. Sie will dieses Huhn retten, und Helmut, obwohl er ständig grantelt, sucht einen kleinen Stecken und schient das Bein des Huhns. Da Paula schon während er ganzen Reise im Zelt leben muss – das Innere des Campers ist für sie verbotene Zone –, wird das Huhn mit ins Zelt genommen und gehätschelt. Das Huhn heißt Lutz. Und dann geschieht es: Paula muss mit Helmuts sehr altem Hund Gassi gehen. Der Hund ist sehr unruhig, es ist neblig, und Paula sagt, Nebel habe ihr schon immer Angst gemacht hat. Sie kommt zurück zu ihrem Zelt und merkt, dass irgendetwas nicht in Ordnung ist. Helmut zeigt auf ihr Zelt: „Ich drehte mich um und sah zunächst nichts Ungewöhnliches, bis mir plötzlich zwei oder drei helle Federn auffielen, die vom Wind hin und her geschoben wurden. ‚Oh … oh nein, was …' Ich betrachtete das Zelt genauer und sah, dass es an einer Seite aufgeschlitzt war. ‚Lutz', sagte ich leise und riss den Reißverschluss auf. Lutz war fort. Auf meinem Schlafsack waren Blut und Federn verteilt … Der Fuchs hat das Huhn geholt, glaube ich. ‚Es tut mir leid!', sagt Helmut … ‚Nein, nein, nein, nicht schon wieder', wimmerte ich leise und begann zu weinen."[95]

Helmut krabbelt mühsam ins Zelt und erkundigt sich nach dem „Nicht schon wieder". „Es ist … Wäre ich hier gewesen, würde Lutz noch leben. Aber ich habe sie allein gelassen und deshalb ist sie jetzt tot. Wie bei Tim … ich … ich …"[96] Und dann erklärt sie Helmut, dass sie damals ein Konzert besuchen wollte, deshalb nicht mit der Familie in Urlaub gefahren sei. Wäre sie dabei gewesen, hätte sie Tim nicht aus den Augen gelassen, dann wäre er nicht ertrunken. „Tim wollte so sehr, dass ich mitkomme, und er war so traurig, dass ich nicht dabei war. Aber ich dachte, dass es nicht so schlimm wäre, einmal nicht dabei zu sein, ganz einfach. Und dann ist er ertrunken und ich kann nicht aufhören, daran zu denken, dass ich schuld bin. Dauernd muss ich mir ausmalen, wie er vielleicht gedacht hat, dass ich dabei sein sollte, dass ich da sein müsste, um ihn zu retten, und dass ich ihn im Stich gelassen habe. Denn das habe ich!"[97] Ihre Mutter und ihr Therapeut würden zwar sagen, dass sie nicht schuld sei, „aber ich weiß, dass sie lügen. Ich weiß, dass es meine Schuld ist, weil es als große Schwester meine verdammte *Aufgabe* gewesen wäre, auf ihn aufzupassen."[98]

„Nicht einmal auf ein Huhn kann ich aufpassen. Nicht einmal das. Nichts kriege ich hin, verdammt, gar nichts!"[99] Und dann erzählt ihr Helmut, wie sein Sohn als Nichtschwimmer von einem Schiff ins Wasser gefallen ist – er wollte sich umbringen. Helmut hatte gedacht, seine Frau glaube, er sei schuld am Tod des Sohnes, was aber gar nicht der Fall war. Der Pfarrer versuchte, ihnen klarzumachen, dass es nicht ihre Schuld gewesen war. Und dann sagt Helmut zu Paula: „Das mit Lutz und Ihrem Bruder ist auch nicht Ihre Schuld. Ich weiß, das wollen Sie jetzt nicht hören. [...] Ich wollte das zuerst auch nicht. Doch das macht alles nicht ungeschehen. Diese Dinge geschehen. Söhne und Brüder ertrinken, und Schlimmes kann immer passieren, so banal das auch klingt. Wir machen alles, so gut wir eben können. Wir geben den Menschen, für die wir Verantwortung tragen, immer die ganze Kraft und Aufmerksamkeit, die uns zur Verfügung steht. Meistens reicht es, manchmal nicht. Sie wollten ein Konzert sehen, meine Güte. Wären Sie mitgekommen, wäre er vielleicht nicht ertrunken. [...] Man kann das Leben nicht aufhalten, wissen Sie? Das geht nicht. Und den Tod kann man auch nicht kontrollieren, weil er nun einmal zu diesem bekloppten Ritt namens Leben gehört."[100]

Sie gehen dann weiter. Helmut auf seinen Tod zu, Paula ins Leben hinein.

An einem Bach rekapituliert Paula die Einsicht, die sie vor ein paar Tagen hatte. Sie stellt fest: „Ich hatte das Gefühl, endlich um dich trauern zu können und nicht um irgendeine Schuld, die zwischen uns stand. Ich fühlte mich dir so nah wie schon lange nicht mehr. Die letzten zwei Jahre war mein Blick vernebelt gewesen und jetzt sah ich klar, fühlte ich klar. Ich hatte meinen Bruder verloren. Dich verloren. Und du fehltest mir jede Sekunde. Endlich konnte ich das richtig spüren. Es tat unfassbar weh, aber ich wusste, dass das ein bewältigbarer Schmerz ist, weil er gleichzeitig in meinem Kopf, auf eine zugegebenermaßen verrückte Weise, ein guter Schmerz war, weil er nur so intensiv war, weil da so viel Liebe war, ohne die ich nicht traurig sein könnte. Und sie war immer noch in mir, genau wie all die Erinnerungen an dich. Dass keine neuen dazu kommen würden, tat unbeschreiblich weh. Auch, dass ich neue Erlebnisse hatte, die ich niemals mit dir würde teilen können. Es würden Fische entdeckt werden, die du nie sehen würdest. Und das musste ich aushalten."[101] Diese Reflexionen, die Akzeptanz des Verlusts und das Einverständnis, jetzt ohne den geliebten Bruder weiterzuleben, findet an einem Bach statt: Das Wasser fließt wieder, das Leben kommt wieder in Fluss.

Ein Neuanfang ist möglich, wie auch die Kapitelnummerierung symbolisiert: Die einzelnen Kapitel des Buchs sind mit Zahlen überschrieben, das erste Kapitel mit der Zahl 11 000 – der Tiefe des Marianengrabens –, und die nächsten, mit immer niedrigeren Zahlen nummerierten Kapitel zeigen, wie die Trauernde ganz langsam immer näher an die Oberfläche des Meeres kommt. Das letzte Kapitel ist mit 0 überschrieben: Sie ist wieder über Wasser.

In diesem Buch, das machen die angeführten Zitate deutlich, wird psychologisch äußerst präzise beschrieben, wie Schuldgefühle den Trauerprozess hemmen können: Paula als die Zurückgebliebene verbietet sich zu leben, sie trägt die Schuldgefühle der Überlebenden. Am Beispiel des Huhns, das sie eben nicht vor dem Tod bewahren kann – und durch das anschließende Gespräch mit dem alten Mann –, versteht sie, dass das Leben den Tod kennt, beide untrennbar miteinander verbunden sind und dass man niemanden vor dem Tod bewahren kann. Was bleibt, sind die Erinnerungen, der Schmerz, die Liebe, aber auch die Zukunft, die sie nicht mehr mit ihrem kleinen Bruder teilen kann, die es aber gibt.

Positive Emotionen im Trauerprozess

Trauern ist wesentlich mehr, als traurig zu sein – die verschiedenen, intensiven Emotionen vermischen sich vielmehr. Wenn sie zugelassen werden, auch in ihrer ganzen Heftigkeit, verlieren sie diese Heftigkeit, und neue Beziehungen zum Leben, neue Fantasien über die Zukunft werden möglich. Wichtig in diesem Zusammenhang ist, dass zu den chaotischen Emotionen auch Emotionen von Freude, Liebe, Sehnsucht gehören. Es gibt verschiedene Forschungen, die belegen, dass der Zugang zu positiven Emotionen im Trauerprozess, wie Dankbarkeit, Freude, Interesse, Liebe, ehrfürchtigem Staunen und anderen, das Wohlbefinden steigern,[102] und gegen Depressionen abpuffern. Monroy und Team sprechen dann speziell von der Emotion „Awe", den Gefühlen von Ehrfurcht. Aber grundsätzlich gilt, dass positive Emotionen gerade im Nachgang von schwierigen, auch traumatischen Erfahrungen den Stress lindern und physische Gesundheit und das Wohlbefinden steigern.[103]

Gefühle der Ehrfurcht, von „Awe", gehen z.B. mit Erfahrungen in der Natur einher, die uns emotional ergreifen, packen, uns atemlos zurücklassen, uns den Eindruck vermitteln, etwas Wunderbares – oder auch Erschreckendes – erlebt zu haben, etwas, das über unser alltägliches Erleben hinausgeht und das wir zunächst nicht fassen können. Es ist fremd, befremdend, erstaunlich, ganz und gar ungewöhnlich, was man da erlebt. Ein verwundertes oder auch erschrecktes Staunen über etwas Übermächtiges, das wir zunächst nicht wirklich verstehen, erfasst uns, wir sind von Ehrfurcht erfasst.

Ehrfurcht spüren wir, wenn uns etwas Großes, Mächtiges ergreift, das weit über uns hinausgeht, das wir nicht kontrollieren, nicht machen können, das uns zustößt, uns überrascht, unsere Erwartungen übersteigt; es ist viel tiefer berührend, als zu erwarten war. Und diese Erfahrung verändert schlagartig unsere Selbstwahrnehmung: Wir fühlen uns klein angesichts dieser Seinsfülle, schrumpfen auf eine menschliche Dimension, und dennoch oder gerade deshalb fühlen wir uns verbunden mit diesem Großen, Übermächtigen, wir fühlen uns eins mit der Welt um uns herum, eins mit dem großen Ganzen – und das gibt ein Erlebnis von Sinn, von Zugehörigkeit zu einem großen Ganzen. Es sind aber auch Momente, in denen wir Menschen in einem ganz anderen als dem alltäglichen Zusammenhang stehen. Es ist, wie wenn sich in den Wolken eine Lücke auftäte und man für eine gewisse Zeit sich selbst, das Leben, die anderen, das große Ganze neu sehen kann.

Solche Erfahrungen ereignen sie sich meist in der Natur, beim Erleben von Kultur, z. B. Musik, gelegentlich aber werden wir auch in einem Traum damit beschenkt. Diese Erfahrungen verändern die Selbstwahrnehmung, und diese Veränderung ist gut erforscht. Unsere mentalen Konzepte, so Keltner und Haidt, müssen dieser Erfahrung angepasst werden.[104] Es sind Momente, in denen Menschen sich öffnen für neue Möglichkeiten, neues Denken, neue Werte. Angesichts von diesem Übermächtigen nehmen sich die Menschen mit ihren alltäglichen Bedürfnissen und Sorgen selbst weniger wichtig und fühlen sich stärker mit der Welt und den anderen Menschen verbunden. In der Jung'schen Psychologie sprechen wir in diesem Zusammenhang von einem Erlebnis der Ganzheit oder der Einheitswirklichkeit. Solche Erfahrungen von „Awe" sind auch im Trauerprozess erlebbar, und es ist hilfreich, sie auch bewusst wahrzunehmen, um nicht nur bei den dunklen Gefühlen hängenzubleiben.

Keltner und Bonanno wiesen in der Arbeit mit Trauernden nach, dass das mit positiven Emotionen verbundene Lachen ermöglicht, von der subjektiven Erfahrung von Stress hin zu positiven Emotionen zu wechseln.[105] Menschen, die vom Tod ihres Partners sprachen, hatten durch das Lachen mehr positive und weniger negative Emotionen, vor allem weniger Ärger, und sie konnten wahrnehmen, dass es zwar immer noch die sie belastende Trauersituation gab, dass aber auch emotional freudigere, leichtere Situationen erlebbar waren.[106]

Nun wird man natürlich nicht Trauernde dazu auffordern, sich zu freuen. Aber Situationen, die Freude bringen, Gefühle von Dankbarkeit und Liebe hervorrufen, oder Gemeinschaftserlebnisse, die große positive, zumindest berührende Emotionen auslösen, werden auch in dieser Phase erlebt, in der chaotische Emotionen vorherrschen, und sie können mehr oder weniger wahrgenommen und auch gesucht werden. Positive Emotionen zu kultivieren, führt zu Resilienz.[107]

Emotionen zeigen sich zunächst im Körper, wir nehmen sie körperlich wahr, geben ihnen dann einen Namen und verbinden sie mit dem alltäglichen Leben und mit bestimmten Vorstellungen. So werden die Emotionen zu Gefühlen. Aber da Emotionen im Körper erlebt werden, werden Verluste auch körperlich gespürt. Es geht im Trauerprozess also auch darum, sich um den Körper und das leibliche Wohl zu kümmern, auch um die Vielfalt der Sinneserfahrungen.

Erinnerungen bleiben uns erhalten

Aufbrechende chaotische Emotionen mit den speziellen, jeweils damit verbundenen Themen können immer einmal wieder erlebt werden. Dies ist kein Rückfall, sondern eher ein Rückgriff: Ein Thema will noch einmal gesehen und gefühlt werden. Diese Phase der aufbrechenden chaotischen Emotionen ist eine Phase der Desorganisation: Trauernde erleben sich als wenig kohärent, fühlen sich immer noch zerrissen, das Selbstwertgefühl ist labil. Diese Zerrissenheit wird nach und nach weniger und weicht immer mehr Fragen wie: Wer bin ich, wer kann ich sein ohne diesen Menschen? Wie kann mein Leben weitergehen ohne den Verstorbenen oder die Verstorbene? Hier setzt nun die Trauerarbeit im tieferen Sinn ein.

Auch wenn wir jemanden verloren haben, bleiben uns die Erinnerungen an diesen Menschen erhalten. Was morgen sein wird, ist in vielerlei Hinsicht unverfügbar, aber über unsere Erinnerungen, über unser gelebtes Leben, können wir verfügen. Das Schicksal hat keinen Zugriff auf sie, sie sind uns sicher, solange unser Gehirn uns das Erinnern noch ermöglicht.

In den Erinnerungen vergegenwärtigen wir uns vergangene Situationen noch einmal lebhaft. Wir stellen sie uns mit allen Kanälen der Wahrnehmung, die auch die Kanäle der Imagination sind, vor. In der Erinnerung erleben wir die vergangenen Situationen jetzt, „als ob" die verstorbene Person in der Realität noch anwesend wäre. Dieses „Als-ob« ist sehr kraftvoll; wir sind im emotionalen Erleben. Wir stellen uns vor, wie es damals war, erleben die Situation noch einmal lebhaft, tauchen in der Vorstellung in sie ein, verändern sie vielleicht etwas, so dass sie uns noch besser gefällt. Unser Gedächtnis ist kreativ-konstruktiv, und je nach Stimmung und Situation, aber auch je nach Gestaltungsabsicht, können sich unsere Erinnerungen auch ein wenig verändern, vor allem aber verändert sich die Bewertung dieser Erinnerungen.

Für diese Erinnerungsarbeit haben Träume eine große Bedeutung, besonders diejenigen, die den Verstorbenen zurückbringen, von ihm sprechen, von der Beziehung sprechen, die man zu ihm hatte. Träume handeln von dem, was uns auch im Alltag beschäftigt, aber sie stellen diese Probleme in einen größeren Zusammenhang, so dass neue, kreative Lösungen möglich werden, oder sie zeigen uns etwas, das wir vergessen oder vernachlässigt haben. Nicht selten lösen Träume diese Erinnerungsarbeit aus.[108]

Trauernde erinnern sich, erzählen vom Leben mit dem verstorbenen Menschen, Familie und Freunde erzählen von ihm, und so entsteht in der Erinnerung ein immer komplexeres Bild des oder der Verstorbenen, das sie bewahren wollen. Diese Erinnerungen werden auf wundersame Weise auch durch Träume angeregt, und wir schätzen die durch Träume angeregten Erinnerungen höher ein als die aus Alltagserzählungen, denn sie gehören deutlicher und wesentlicher zu unserem Innenleben.

Ich habe diese Phase „Die Phase des Suchens, Findens und Sich-Trennens“[109] genannt, weil man den Verstorbenen oder die Verstorbene sucht und sie auch findet: in der Fantasie, in Träumen, in den Erinnerungen über miteinander Erlebtes. Und das alles im Wissen darum, dass diese Form der Beziehung zu einem Ende gekommen ist, aber auch im Wissen darum, dass jetzt das eigene Leben in den Vordergrund tritt. Wir erinnern uns, ertragen den Schmerz, der mit der Erinnerung verbunden ist, fühlen aber auch die Dankbarkeit für das, was durch die Beziehung in uns selbst geweckt worden ist und was wir jetzt deutlicher sehen. Man findet Schritt für Schritt zu einer neuen Identität, eine schrittweise Ablösung vom Beziehungsselbst ereignet sich. Die Erinnerungsarbeit und die erinnerten Träume mit dem verstorbenen Menschen ermöglichen es, ihn zu einer guten inneren Gestalt werden zu lassen, von der man sich abgelöst hat, auf die man aber liebevoll und dankbar bezogen bleibt, und dennoch den Weg ins eigene Leben bewusster angeht, bewusster weiß, was denn das eigene Selbst ist – sich auf die eigene Identität wieder neu bezieht.

Die Geschichten und die realistischeren Erinnerungen

Der verstorbene Mensch wird in Erinnerungen, Träumen, auf Fotos usw. gesucht. Zunächst wird er meistens idealisiert: „Es war ein wunderbarer Mensch – wenn alle Menschen so wunderbar wären!" Diese Idealisierung hat einen Sinn: Wenn man den Verstorbenen idealisiert, kann man die zu einem Ende gekommene Beziehung idealisieren und damit auch sich selbst. Das ergibt ein besseres Selbstwertgefühl und damit kann man die Verlusterfahrung besser durchstehen. Wenn wir uns erinnern, stellen wir uns wichtige Situationen vor, die wir mit dem verstorbenen Menschen zusammen erlebt haben. Es sind Vorstellungen, Imaginationen, die wir verändern können. Wenn diese Imaginationen sehr lebendig sind, kann man sich in ein imaginatives Leben mit einem Verstorbenen hineindenken. In diesem Zusammenhang spielt Virtualität eine wichtige Rolle. Wir hatten schon immer Fotos aus dem Leben mit den Verstorbenen, die uns auch wichtig sind. Heute, im Zeitalter von Social Media, haben wir auch viele Videos, auf denen der verstorbene Mensch spricht, noch anwesend ist. Es kann zur Ablösung gehören, dass man eine Beziehung zu einem Menschen pflegt, der zwar tot, aber in einer anderen Art ganz „anwesend" ist, manchmal an einem himmlischen Orte weilend, gelegentlich auch virtuell auf den Bildschirmen. Diese „anders anwesenden" Menschen haben alles Unangenehme verloren, nerven nicht mehr, sind idealer als zu Lebzeiten. Das ist eine Form der Beziehung, über die Trauernde mit anderen Menschen nur noch selten oder nicht mehr sprechen können. Wenn man auf diese Weise erinnert, kann man sich in den Erinnerungen einrichten – und sich dem Neuen verschließen. Die meisten Menschen idealisieren aber nur über einen kürzeren Zeitraum: Die konkrete reale Anwesenheit fehlt, die zärtlichen Berührungen, die Sexualität, die Hilfe im Alltag. Es fehlt vor allem das Wahrgenommen-Werden. Diese Erfahrungen des Mangels führen dazu, dass noch einmal in einer realistischeren Weise erinnert wird.

Bei der Erinnerungsarbeit ist das Erzählen von Geschichten, kleine Episoden, aus dem vergangenen Leben wichtig. Wenn wir einander Geschichten erzählen, dann sagen wir: „Stell dir vor, was mir passiert ist!“ Es ist ein Anruf an die Vorstellungskraft, „Stell dir vor!“, verbunden mit der Frage, ob man sprechen darf, ob der andere Mensch zuhören mag. Erhält man dann die Erzählerlaubnis und wird aufgefordert zu erzählen, teilt man miteinander einen Raum des Erzählens und der Vorstellungen, und das ist auch ein Raum, in dem emotionale Veränderung möglich wird. Je eindrücklicher ein Mensch seine Vorstellungen im Sinne von lebendigen Erzählungen beschreiben kann, desto mehr Emotionen sind mit den Vorstellungen verbunden. Diese Erinnerungen lösen immer wieder kleine Trauerprozesse aus: Man erinnert eine Situation in schönsten Farben, und dann fällt einem ein, dass es diesen Menschen nicht mehr gibt. Freude und Leid sind nah beieinander. So sagte z. B. eine Trauernde: „Was habe ich lachen gelernt mit diesem Menschen! Was habe ich genießen gelernt mit diesem Menschen!“ Der Mensch ist nicht mehr da, aber das Lachen und das Genießen – wenn man es denn gelernt hat – muss man nicht aufgeben.

Das Erzählen ist wichtig für den Trauerprozess. Wenn wir dabei jedoch bloß informieren, z. B.: „Wir sind oft auf der Piazza Navona gewesen und wir haben ausgelassen gelacht. Dann haben die Leute blöd geschaut“, berührt das keine Emotion, auch nicht die Emotion des Erzählenden oder der Erzählenden. Sind die Erinnerungen sachlich, ohne sie begleitende Emotionen, dann wirken die Geschichten nicht, dann ist keine emotionale Veränderung möglich. Menschen wiederholen oft die gleichen Geschichten, sie informieren über dieselbe Situation, ohne dass sich etwas verändert. Bringt man sie dazu, eine Geschichte zu erzählen, dem anderen und sich selbst eine Vorstellung, die von Emotionen begleitet ist, zu beschreiben, dann kann die Geschichte auch zu Ende erzählt werden und die Emotionen und die Gefühle können sich verändern.

Es geht darum, sich in der Vorstellung lebendig in diese Situation zurückzuversetzen, etwa zu erzählen, wie man einfach nicht mehr aufhören konnte zu lachen, wie furchtbar das eigentlich war, weil man das Lachen nicht kontrollieren konnte, es aber kontrollieren wollte, wie wunderbar es aber auch gleichzeitig war. Wenn man so erzählt, holt man die vergangene Beziehung ins Gefühl zurück und hilft, wahrzunehmen, was davon man nicht verloren geben muss. Die Erinnerungen, oft auch ausgelöst durch Träume, bewirken, dass der oder die Verstorbene im Gefühl bleibt, dass aber auch Hinweise auf das eigene Selbst möglich werden, allerdings manchmal auch Hinweise darauf, dass das eigene Selbst, das eigene Fühlen, Wollen und Denken, in der Beziehung nicht vorkam, dass nur der Partner oder die Partnerin wichtig war.

Auch wenn vieles idealisiert wird, werden auch Entwicklungsmöglichkeiten gesehen, die durch die gemeinsame Beziehung nur teilweise realisiert werden konnten. Es kann schmerzhaft bewusst werden, dass im Laufe der Beziehung auch Eigenheiten belebt, „herausgezwängt“ wurden, die wenig hilfreich waren, etwa bei der Frau, die ihr Vertrauen verliert, weil sie immer wieder belogen wurde, und die durch die gelebte Beziehung zutiefst misstrauisch geworden ist.

In der Erinnerung an die Beziehung spiegeln sich auch übliche schwierige Paarkonflikte wider. Dies kann auch über Träume geschehen: Eine junge Frau, Mitte 30, hat ihren Mann bei einem Motorradunfall verloren. Sie war schon vor der Verlusterfahrung „desillusioniert" von ihm und der Beziehung. Daher glaubte sie, nicht wirklich traurig zu sein, und sie verstand nicht, warum sie sich so ausgelaugt und kraftlos fühlte und kaum in der Lage war, sich um ihre kleinen Kinder zu kümmern. Sie träumte: „Ich bin viel jünger, trage ein buntes Sommerkleid, bin voller Energie und tanze mit Jonas (Name ihres verstorbenen Mannes) hingebungsvoll und sehr wild. Wir sind total verliebt – ein wunderbares Gefühl. Als ich aufwachte, war ich sehr enttäuscht – und dann auch wieder nicht: Ich hatte völlig vergessen, wie verliebt wir waren, wie vital mein Mann war, was für ein gutes Lebensgefühl er mir gab. In letzter Zeit denke ich nur noch an den Mann, der, anstatt mir zu helfen, mit dem Motorrad weggefahren ist ... Das sollte ich nicht vergessen: Er konnte mir so viel Lebensfreude schenken."

Ein Aspekt des Beziehungsselbst wurde durch diesen Traum erlebbar, und damit fand die Frau wieder Zugang zu den besseren Seiten der Beziehung, auch mehr zu sich selbst. Insbesondere erinnerte sie sich daran, wie sehr ihr Mann sie auch immer wieder angeregt hatte, und sie fragte sich, ob sie einige dieser Anregungen weiterverfolgen könnte, auch wenn ihr Mann nicht mehr da war.

Träume, in denen Verstorbene vorkommen

Mittlerweile gibt es viele Forschungen, die sich mit dem Auftauchen von Verstorbenen in Träumen beschäftigen. Im Kontext des Trauerprozesses geht es um die Frage, wie diese Träume den Trauerprozess beeinflussen, aber auch, wie sie das Verständnis des Trauerprozesses verändern.[110]

Aus der Literatur geht hervor, dass 50–80 % der Menschen in der Zeit nach einem Verlust von mindestens einem Traum mit der verstorbenen Person berichten. Bei Menschen, die sich in einem therapeutisch begleiteten Trauerprozess befinden, sind es etwa 70 %, und es sind meist mehrere Träume. Die meisten Menschen träumen von dem verstorbenen Menschen – auch noch Jahre nach dem Verlust. Und es ist immer eine besondere Situation, über die auch gesprochen wird.

So wie Menschen unterschiedlich trauern, haben sie auch unterschiedliche Träume.[111] Garfield[112] hat 1996 eine Typologie solcher Träume verfasst, Black und Mitarbeitende[113] haben diese Themen überarbeitet. Diese Typologien können von Psychotherapeuten und Psychotherapeutinnen, die in ihrer Praxis mit Trauernden arbeiten, nachvollzogen werden.

Es gibt typische Träume in einem Trauerprozess: In ihnen kann der Verstorbene krank sein und leiden, und der oder die Träumende leidet mit ihm. In anderen Träumen erscheint der Verstorbene gesund und lebensfroh, oft „in den besten Jahren“, wie ein Träumer es einmal ausdrückte, manchmal auch jung und gesund, obwohl der Verstorbene am Ende alt und krank war. Es können sexuelle und romantische Situationen erlebt werden und Erfahrungen von großer Nähe. Manchmal gibt der Verstorbene Hinweise, die ernst genommen werden müssen, oft auch in Träumen, in denen deutlich wird, dass noch eine zu große Nähe zum Verstorbenen besteht, dass mehr Trennung angesagt ist.

Träume, in denen Verstorbene erscheinen, sind den Träumenden kostbar, außer wenn die Verstorbenen im Traum Vorwürfe machen, die sie auch als Lebende gemacht haben, wenn ein Problem also nicht aufgearbeitet worden ist. In der Erinnerung werden die kostbaren Träume – und das ist die überwiegende Anzahl der Träume von Verstorbenen – so achtsam als möglich in der Vorstellung immer wieder noch einmal vergegenwärtigt. Dadurch akzeptiert der oder die Trauernde nach und nach, dass die verstorbene Person real nicht mehr da ist – und akzeptiert es gleichzeitig nicht. Die emotionale Energie, die die Beziehung ausgemacht hat, lässt die Beziehung zu diesem Verstorbenen im Traum wiederaufleben und macht den Verstorbenen dadurch immer lebendiger und auch präsenter. Dies steht im krassen Gegensatz zum Fehlen dieses Menschen im Alltag. Der Umgang mit diesen Träumen ist ein psychologischer Weg, die verstorbene Person zu verinnerlichen. Je mehr die Figuren im Traum sinnlich visualisiert werden, desto lebendiger werden sie und desto eher werden weitere Träume folgen. Durch die Imagination wird ein Innenleben geschaffen. Indem wir uns imaginativ intensiv an die Verstorbenen aus unseren Träumen erinnern, bekommen sie einen festen Platz in unserem Innenleben. Gerade die emotional sehr eindrücklichen Träume mit dem Verstorbenen regen auch im weiteren Trauerprozess dazu an, sich mit den Erinnerungen auf imaginative Weise emotional auseinanderzusetzen. Eine innere Verbindung zum verstorbenen Menschen wird erlebbar.

Der neue Selbst- und Weltbezug

Eine neue Identität – verbunden und abgelöst – wird nach und nach durch die Erinnerungsarbeit gewonnen, aber auch durch den Fortgang des Lebens mit immer auch wieder neuen Erfahrungen und Herausforderungen. Während des Trauerprozesses beziehen sich Trauernde graduell wieder mehr auf die Mitmenschen und Aktualitäten in der Welt, Pläne für die Zukunft werden deutlicher – nicht mehr: „Nach der Pensionierung werden wir ins Tessin gehen", sondern: „Ich wollte schon immer einmal nach Schottland reisen ..." Aber allein oder mit wem? Eine Herausforderung bleibt, aber auch eine Lust auf Leben, auf Neuanfänge.

Diese Phase ist übrigens sehr oft begleitet von Träumen vom Heilbad: Der oder die Trauernde ist in einem Heilbad, steigt aus dem heilenden Wasser und spürt, dass es ihm oder ihr jetzt wieder besser geht. Manchmal sind dazu noch Gehhilfen nötig. Es handelt sich dabei um typische „Wiederherstellungsträume".

Eine ältere Frau, die ihren Mann vor zwei Jahren verloren hat, träumt: „Ich bin am ganzen Körper mit Lehm bedeckt. Das habe ich gar nicht gewusst. Bin erstaunt im Traum. Da sind jetzt aber Menschen, sie sehen aus wie Bademeister oder so, die waschen mir den Lehm ab. Ich fühle mich befreit und spüre, dass ich jetzt wieder eine ganz andere Haut habe. Die Trauerhaut ist weg. Wie gehäutet bin ich, wie eine Schlange." Die Träumerin fühlt sich gut – richtig gut. Sie fühlt sich wieder wohl in ihrer Haut, in ihrer neuen Identität. Wandlung ist möglich. Der Verlust ist akzeptiert. Die Trennung ist vollzogen, sie kann ohne ihren Mann weiterleben – sicher immer noch mit einer gewissen Wehmut. Die Frau mit dem Traum vom Heilbad fühlte sich wie neugeboren; im Therapiegespräch verknüpfte sie ihr jetziges Lebensgefühl mit dem Bild von blühenden Bäumen, die zwar alt sind, jederzeit auch abbrechen können, aber jetzt in wunderschöner Blüte stehen. Die Blüten sind schön, ungeachtet dessen, wie dann die Apfelernte sein wird. Ein möglicher Neuanfang, Geburtlichkeit, Freude sind erlebbar.

Viele Menschen müssen in dieser Situation den Schmerz opfern. Sie meinen dann oft, sie würden dadurch dem Verstorbenen untreu werden, nicht mehr an ihn denken. Aber das stimmt so nicht. An die verstorbenen Menschen denkt man mit Liebe, Dankbarkeit und mit Wehmut. Wenn man den Schmerz an die Stelle der Liebe und Dankbarkeit stellt, bleibt man ein Opfer des Schicksals.

Menschen nach einem weitgehend verarbeiteten Verlusterlebnis haben oft ein widersprüchliches Bindungsverhalten: Sie wollen sich binden, weil sie Sehnsucht nach Nähe haben, sie lassen andere Menschen aber nicht nahe an sich heran aus Angst, diese Menschen wieder zu verlieren.

Dass auch Trennung notwendig ist, dass sich die andauernde Bindung an den verstorbenen Menschen verändern muss, zeigen die typischen Träume mit Verstorbenen, in denen eine Trennung gefordert wird.[114] Es geht dann z. B. darum, dass der Verstorbene an einen Ort reist, an den man ihm nicht folgen darf; manchmal wird der Trauernde mit Gesten aufgefordert zurückzubleiben, oder der Verstorbene verschwindet im Nebel, die Gestalt löst sich auf. So träumte etwa ein 52-jähriger Mann neun Monate nach dem Tod seiner geliebten Tochter, die bei einem Bergunfall ums Leben gekommen war: „Ich bin in Finistère, am Meer. Ein großes Schiff ist bereit zum Auslaufen. Ich sehe nur eine Person auf diesem Schiff: meine Tochter, gesund und jung. Voller Freude möchte ich auch auf dieses Schiff steigen, aber es fährt wirklich ab, meine Tochter zeigt mir mit ihren Gesten, dass ich mich von ihr und dem Schiff fernhalten soll. Und dann sagt sie: ‚Vergiss nicht, dass du verheiratet bist.' Ich bin sehr traurig und erinnere mich, dass ich nicht einmal mehr weiß, wo meine Frau wohnt."

Der Träumende ist traurig und sehr nachdenklich aufgewacht – neben seiner Frau. Er versteht den Traum so, dass er seine Tochter wirklich loslassen und sich wieder den Lebenden zuwenden sollte. Finistère ist für ihn der westlichste Punkt Europas. Er weiß aus alten Bestattungsriten, dass die Toten im Westen in einem Einbaum dem Meer übergeben wurden, auf ihrer Reise zum Sonnenuntergang und dann wieder zum erhofften Sonnenaufgang. Der Traum verweist auf die emotionale Ebene und deutet an, dass der Träumende mehr

Abstand zu seiner verstorbenen Tochter braucht, dass er nicht mit ihr mitsterben darf. Er hat sich in der Erinnerungsarbeit so sehr damit beschäftigt, was alles durch den Kontakt mit seiner Tochter in sein Leben gekommen ist, dass er darüber die Beziehung zu seiner Frau vernachlässigt hat. „Ich weiß wirklich nicht, wo sie innerlich ist", meinte er.

Durch die Beschäftigung mit dem Traum verändert sich sein Verhalten. Der Trauernde nimmt wieder am Leben teil, am Teppich des Lebens wird bewusst weitergewoben, neue, auch gute Erfahrungen können wieder gemacht werden. Die Erfahrung des Verlusts verändert sich. Genauso verändern sich auch die Träume: Die Träume mit dem Verstorbenen werden weniger, hören aber nicht auf. Auch die Verbindung zum Verstorbenen als innerer Gestalt verändert sich, aber sie ist eine Basis, auf die man sich bei Bedarf noch beziehen kann. Aber das intensive Einfühlen, Denken, Identifizieren mit der verstorbenen Person aus den Träumen nimmt ab; die wichtigste Beziehung ist nicht mehr die zu einer inneren Figur, sondern man wendet sich wieder mehr dem Leben zu, nach außen, zu anderen Menschen, und nach innen zu neuen kreativen Ideen, neuen Plänen, neuen Herausforderungen. Man hat wieder einen neuen Bezug zu sich selbst, zu anderen, zum Leben als Ganzem, ein neuer Selbst- und Weltbezug wird möglich.

12. Weiterleben nach einem Schicksalsschlag

Das Leben hat keinen Sinn mehr

Der Sinn des Lebens wird oft damit verknüpft, dass das Leben zuverlässig so bleibt, wie es ist. Wenn ein geliebter Mensch stirbt, dann ist nichts mehr zuverlässig bleibend, dann hat das Leben keinen Sinn mehr. Diesen Sinneinbruch kann man auch auf andere schwierige Verluste übertragen.

Das Bedürfnis nach Sinn im eigenen Lebensvollzug ist ein Grundbedürfnis des Menschen, das erfüllt werden muss. Menschen stellen immer wieder Sinn her. Wir wollen verstehen, warum etwas zu tun oder zu lassen sinnvoll sein kann – oder auch sinnlos. Wenn wir desorientiert sind, wollen wir wieder den Überblick gewinnen, unsere Situation emotional kognitiv verstehen. Verstehen wir sie, dann kommt uns das Leben alltagstauglich vor, sinnvoll. Wenn wir das Leben nicht mehr überblicken können, wenn es nicht mehr verstehbar ist, wenn wir das Leben nicht mehr begreifen, dann erscheint es uns nicht mehr sinnvoll. Die Unverfügbarkeit des Lebens lässt uns am Sinn des Lebens zweifeln.

Jede Lebensform, die wir wählen, ist verbunden mit einem Sinnkonstrukt: Sie erscheint uns sinnvoll, erlaubt uns, die Werte zu verwirklichen, die uns wichtig sind, und sie ermöglicht uns eine hinreichende Zufriedenheit oder gar Glück, zumindest, so hoffen wir, halten sich Glück und Unglück dabei in etwa die Waage. Bei Schicksalseinbrüchen – wie dem Tod eines nächsten Menschen – kann dieses einmal gewählte Lebenskonzept nicht mehr tragen, ein großer Sinnverlust wird erlebt. Die Frage nach dem Sinn stellt sich überhaupt erst jetzt richtig neu und vielleicht auch erstmals fundamental. Sie kann grundsätzlicher, philosophischer, tiefenpsychologischer gestellt werden: Hat das Leben einen Sinn, wenn man letztlich doch sterben muss? Hat das Leiden einen Sinn? Hat es überhaupt einen Sinn, die Sinnfrage zu stellen? Verbunden mit dem Verlust an Sinn erscheint die Zukunft nicht offen, sondern ohne Anreiz, lohnt sich nicht mehr. Es hat keinen Sinn mehr, weiterzumachen. Das ist der Moment, wo man sich selbst auch umbringen könnte. Man kann aber auch – im Sinne eines Lebensübergangs – einen neuen Lebensentwurf suchen, neue Ziele finden, neu wieder Sinn finden, lernen, mit der Unverfügbarkeit des Lebens umzugehen. Es geht um die existentiellen Herausforderungen. Das kann Thema in einem therapeutisch begleiteten Trauerprozess sein.

Vom Umgang mit Sinnverlust in einem Trauerprozess

Ein Ausschnitt aus einer Therapie mit Trauerarbeit bringt die theoretischen Überlegungen der vorigen Kapitel in einen praktischen Kontext. Diese Arbeit schildere ich, als wäre sie genau so gewesen, d. h. die wichtigen Aspekte dieser Therapie könnten so gewesen sein. Ich füge verschiedene Erfahrungen mit vielen Trauernden zu einem therapeutischen Essay zusammen; die personenbezogenen Details sind dabei fiktiv, so dass die Anonymität der einzelnen Personen gewährleistet ist.

Es geht um die Therapie mit einer Frau Mitte 40. Sie hat ihren gleichaltrigen Mann durch eine plötzliche, sehr aggressive Krebserkrankung verloren. Die Zeit zwischen der Diagnose und dem Tod war in ihrer Erfahrung ungeheuer kurz. Faktisch dauerte sie vier Monate. Das ist natürlich auch kurz, aber in ihrer Wahrnehmung war es ein plötzlicher Tod: an einem Tag die Diagnose, am anderen Tag gestorben. Natürlich hatte die Frau gehofft, dass sich ihr Mann noch erholen würde. Er war ja noch jung und fit. So war die Zeit, in der sich die beiden auf den Tod vorbereiteten, sie miteinander über den nahenden Tod sprechen konnten, wirklich sehr kurz, und sie nutzten sie nicht: Beide dachten, entgegen allen Informationen, er könne diese Erkrankung überleben.

Die Trauernde kam kurz nach der Beerdigung in Therapie, weil sie mit diesem Verlust – in ihren Worten – „nicht fertigwird". Zudem hatten Freunde von ihr sie sehr erschreckt und auch wütend gemacht mit dem Hinweis, so ein Schicksalsschlag habe einen tieferen Sinn, auch wenn sie den jetzt noch nicht wirklich finden könne. Das hatte sie sehr wütend gemacht, weil sie diese Hinweise als besserwisserisch und übergriffig empfand. „Was wissen die denn davon, wie sich so etwas anfühlt! Und einen besonderen Sinn? Überhaupt einen Sinn? Das ist Unsinn!"

Die Therapie nahm zunächst den gewohnten Gang einer Therapie beim Verlust eines geliebten Menschen. Die Trauernde erzählte von der Zeit der fortschreitenden Krankheit, von ihren Gefühlen, von ihrem Partner. Das Paar war kinderlos. Auch von Schuldgefühlen sprach sie, davon, dass sie noch so lange an eine Remission geglaubt und es dadurch versäumt habe, noch einmal mit ihrem Mann zusammen eine Rückschau auf ihr gemeinsames Leben zu halten: immerhin mehr als zwanzig Jahre.

Immer wieder sprach sie davon, wie sie die Todesminute ihres Mannes erlebt hatte: „Und plötzlich war er einfach weg und ich total verlassen. Einfach weg war er. Einfach weg. Er hat einfach keine Antwort mehr gegeben." Die Frau hat Ressourcen, sie hat eine große, sie stützende Herkunftsfamilie und einen anspruchsvollen Beruf, dem sie nachgehen kann. Sie ist froh, arbeiten zu können. Sie könnte sich eine längere Auszeit nehmen, das würde man ihr zugestehen. Sie findet das aber nicht sinnvoll und sagt: „Nur wenn ich arbeite, empfinde ich mich als normaler Mensch, da bin ich wie vorher, ein wenig weniger belastbar, etwas dünnhäutiger, aber immer noch in Ordnung." Es ist bekannt, dass viele trauernde Menschen gerne arbeiten und auch sehr gut arbeiten können. In der Zeit, in der sie arbeiten, sind sie eben bei der Arbeit, dann sind sie auf die Arbeit konzentriert. Es ist für sie genauso, wie diese Frau sagt: „Dann bin ich ein normaler Mensch." Es kann sein, dass das momentan eine Verdrängung ist, es kann aber auch ein Weg sein, sich von den Trauergefühlen zu befreien. Ich finde, es ist auch ein sehr hilfreicher Weg:

Wenn jemand in einer Verlustsituation arbeiten kann und sich dabei kompetent fühlt – und das können nicht alle Menschen –, ist das eine wichtige Ressource.

Auch Ablenkung im Trauerprozess kann eine wichtige Ressource sein. Man grenzt sich von der belastenden Situation, die man in ihrer ganzen Schwere wahrnimmt, immer wieder einmal ab, taucht in einen Lebensbereich ein, der einen freut, inspiriert. Das Verlusterlebnis wird man darüber nicht vergessen. Dies ist ein Unterschied zu Vermeidungsstrategien, bei denen man sich nicht mit dem Stressor und den damit verbundenen Gefühlen auseinandersetzen will. Natürlich gibt es Situationen, in denen Trauernde den Verlust abspalten, aber das geschieht eher selten. In dieser schwierigen psychischen Situation geht es um Atempausen: Man ist involviert in Aktivitäten, die positive Emotionen auslösen, oder denkt nur an sie, stellt sie sich vor. Dabei ist die präzise Vorstellung gefragt, es gilt, sich imaginativ ganz hineinzugeben in etwas, das Freude auslöst. Auf diese Weise wird die Aufmerksamkeit vom Stressor abgezogen, ohne dass der Stressor verloren geht. Das gibt Ressourcen, sich dann mit dem Stressor auseinanderzusetzen, wenn es sinnvoll ist und man Ideen hat. Das Umschalten von den Verlustgefühlen hin zu Erfahrungen von Normalität und freudigen Erlebnissen oder auch Vorfreuden kann hilfreich sein.

An den Abenden versucht die Trauernde, Fotos zu ordnen. Bei diesem Ordnen fallen ihr viele Situationen ihres gemeinsamen Lebens mit ihrem Mann ein, die sie zum Teil auch aufschreibt. Denn, so sagt sie zu mir, man könnte ja das alles irgendwann vergessen. Das

Vergessen fürchtet sie, dann wäre ihr Partner auch vergessen, dann wäre er wirklich tot. Sie schläft eher schlecht, träumt immer einmal von ihrem Mann. Meistens träumt sie, dass er noch im Spital liegt. Sie versucht, die Beziehungen zu ihren Freunden und Freundinnen neu zu bewerten. Welche sind ihr wichtig? Welche sind hilfreich im Moment?

Die therapeutische Beziehung nahm etwa folgenden Gang: Zunächst hoffte die Patientin, ich könnte ihr ihren verstorbenen Mann zurückbringen. Das ist ein normaler Wunsch für Trauernde. Unausgesprochen steht dabei im Raum, dass die Trauernde nicht weiß, warum sie bei mir ist, denn ihr den Mann zurückbringen kann ich sicher nicht. Sie wollte Alltagsprobleme besprechen, weil sie sie mit ihrem Mann ja nicht mehr besprechen kann, sagt sie. Sie versteht mich jetzt als eine Hilfskraft für ihr Leben. Sie lernte in der Folge immer besser, ihre täglich anstehenden Entscheidungen zu reflektieren, sie dann auch tatsächlich zu treffen und mit einiger Verzögerung auch entsprechend nach ihnen zu handeln. Deutlich wird, dass ihr Mann im Privatleben viele Entscheidungen getroffen hat – durchaus auch in ihrem Sinne. Sie stellt fest, dass er ihr viel abgenommen hat, und bedauert, dass sie ihm das nie gesagt hat. Sie selbst traf Entscheidungen in ihrem Job. Sie war und ist durchaus auch entscheidungsfähig, attestiert sie sich selbst.

Und dann stellte sich die Frage nach dem Sinn

Ich selbst fühlte mich in ihrer Gegenwart oft überflüssig, obschon sie das Gegenteil zum Ausdruck brachte.

Sie konnte dann etwa sagen: „Ich bin ja so froh, dass ich zu Ihnen kommen kann, auch wenn Sie mir meinen Mann nicht zurückgeben können. Wenn ich nicht zu Ihnen kommen könnte, dann wüsste ich überhaupt nicht, wie ich das emotional schaffen sollte." Diese Sätze erreichten mich nur theoretisch: Ich nahm sie wahr, aber ich in meinem Empfinden fühlte mich überflüssig. Das hängt wohl damit zusammen, dass sie eine Bindungsperson brauchte, sich aber nicht binden wollte, in sich selbst eine große Ambivalenz spürte. Manche Menschen, die einen geliebten Angehörigen verloren haben, haben die Tendenz, sich ganz dem Therapeuten zu überlassen und sich selbst dabei aufzugeben; andere, mehr autonome Persönlichkeiten, bleiben eigentümlich distant.

Etwa ein Jahr nach Beginn der Therapie, die einmal, manchmal zweimal in der Woche stattfand, setzte sie sich in einer Stunde ungewohnt aufrecht in ihrem Stuhl hin und sagte: „Mein Leben hat einfach keinen Sinn mehr. Ich kann jetzt meinen Alltag ganz gut bewältigen. Aber mein Leben hat keinen Sinn mehr." Dabei schaute sie mich auffordernd an und ich verstand diesen Blick als Aufforderung, ihr den Lebenssinn zurückzugeben. Ich fühlte mich hellwach, ich wusste, dass es jetzt darauf ankam: Es gibt Situationen in der Therapie, da kommt es darauf an, die existentielle Situation aufzunehmen; man ist an einer entscheidenden Stelle des therapeutischen Prozesses. Ich überprüfte kurz, ob ich die Patientin für suizidal hielt. Hielt ich nicht. Während ihre Augen auffordernd auf mich gerichtet waren, sagte ich: „Das ist wichtig. Es hat auch eine

Würde weiterzuleben, auch wenn man keinen Sinn erlebt. Das braucht aber Mut."

Ich erinnerte mich blitzschnell an eine Lebenssituation, in der ich in einer ähnlichen Situation war und ich trotzig zu mir selbst, und auch zum Leben, sagte: „Und wenn es überhaupt keinen Sinn hat, das Leben, es muss mit mir rechnen. Ich gebe nicht auf." Diese meine Intervention – Leben hat auch dann eine Würde, wenn das Leben keinen Sinn hat, aber es braucht Mut – kam offenbar bei ihr an. Wir schwiegen beide.

Sie sagte: „Es hat doch keinen Sinn. Da bin ich in einer so schwierigen Lebenssituation. Ich war immer ein relativ anständiger Mensch und habe gedacht, dass einem dann nichts Böses passiert. Aber das stimmt nicht. Ich habe gelernt, dass ich nicht schuld bin am Tod meines Mannes. Ich habe immer wieder das Schicksal angeklagt. Aber – Sie haben das oft gesagt –, das sei dem Schicksal egal. Der Tod eines Liebsten ist nichts, was das Schicksal sich für uns persönlich ausgedacht hat. Und das Schlimmste: Ich habe den liebsten Menschen verloren – und niemand hat mich gefragt."

„Und niemand hat mich gefragt" – wer hätte sie fragen sollen? Ich war zunächst etwas erheitert. Doch dann spürte ich, dass diese Aussage mit einer großen Angst verbunden war. Was bedeutet es, dass niemand sie gefragt hat? Es heißt: „Was kann noch alles passieren im Leben, ohne dass man gefragt wird, ohne dass man es kontrollieren kann?" Aus meiner Erheiterung wurde Empathie, im Wissen darum, dass es schwierig ist für die Patientin, nicht zu wissen, was alles noch passiert, die große Unsicherheit im Leben auszuhalten, nichts wirklich kontrollieren zu können. In der Aussage „Mein Leben hat einfach keinen Sinn mehr“ ist viel enthalten: Das Leben hat keinen Sinn für die Patientin, weil ihr Sinnkonzept zerbrochen ist, das lautet: Wenn man einigermaßen anständig ist, geschieht einem nichts Böses. Ihr Sinnkonzept beinhaltet aber auch, dass die große Ungewissheit des Lebens, die großen Unsicherheiten im Leben nicht kontrolliert werden können. Die Unsicherheit muss ausgehalten werden.

Ihr Sinnkonzept, dass einem, wenn man einigermaßen anständig ist, nichts Böses geschieht, beruhigt. Man kann damit recht gut leben, aber es trägt nicht; der Tod hängt meist nicht vom persönlichen Verhalten ab, und deshalb kann man ihn mit „Wohlverhalten“ auch nicht abwenden. Der Tod ist nichts Persönliches; er hat es nicht persönlich auf einen abgesehen. Den Tod gibt es einfach. Menschen sprechen in diesem Zusammenhang manchmal von einer kosmischen Indifferenz. Das bedeutet aber auch, dass man selbst und das eigene Leben dem Kosmos egal ist. Niemand hält seine oder ihre schützende Hand über uns, wenn es um den Tod geht. Auch wenn die meisten Menschen stützende Beziehungen in ihrem Leben verinnerlicht haben, auf die sie sich verlassen und auch verlassen können – beim Tod hilft es nicht. Der Frau ist wohl bewusst geworden, dass auch sie erkranken und sterben kann, wie ihr Partner. Niemand kann sie verlässlich vor dem Tod schützen. Ich bekräftige: Es stimmt, man wird nicht gefragt, ob ein Partner oder eine Partnerin sterben soll, und auch nicht, ob man selbst sterben will. Geliebte Menschen sterben, man selbst stirbt irgendwann. Sie nickt nachdenklich. Ich weiß nicht, wie sie es aufgenommen hat. „Mein Leben hat keinen Sinn mehr" kann in dieser Situation bedeuten, dass sie existentiell erlebt, dass auch sie sterblich ist, dass sie leiden wird, dass sie dem Schicksal ausgeliefert ist.

Nach dieser Stunde erinnert sie einen Traum. Träume sind wichtige Hinweise aus dem Unbewussten, wie der therapeutische Prozess sich entwickelt. Sie träumt:

„Klaus (ihr verstorbener Partner) ist einfach da, sieht ziemlich gut aus. Er trinkt Tee in unserem Wohnzimmer und sagt beiläufig: ‚Du könntest doch ein neues Haus bauen.' Und ich antworte: ‚Das finde ich zu mühsam.' Ich will ihm aber nicht lange widersprechen, ich finde auch das zu mühsam." Sie erzählt dann den Traum vorstellungsbezogen, d. h. imaginiert ihn weiter. Träume sind ja unsere ureigensten Imaginationen im Schlaf, und deshalb kann man den Traum auch lebendig werden lassen, erweitern, indem man ihn sich vorstellt. Dadurch findet man zu einem besseren, auch emotional stimmigen Traumverständnis.[115] Sie versenkt sich also imaginativ in den Traum: „Klaus sieht ziemlich gut aus, nicht mehr so krank. Eigentlich schon wie früher." Teetrinken war etwas ganz Normales, allerdings, so erzählt sie, hätten sie in den vielen Jahren ihrer Beziehung sich nie darüber einigen können, wie warm das Wasser für den entsprechenden Tee sein müsse. Sie hätten auch nie denselben Tee getrunken: Wenn er Schwarztee getrunken habe, habe sie sich Grüntee gemacht … Sie lacht: „So haben wir uns voneinander unterschieden, gerade, weil wir so viel geteilt haben miteinander." Sie weiß nicht, welche Sorte Tee im Traum getrunken wird, sie ist einfach froh, dass Klaus Tee vor sich stehen hat, als ein Zeichen der Gemütlichkeit.

Bei diesem vorstellungsbezogenen Erzählen des Traums freut sie sich, dass ihr Mann nicht mehr als kranker Mann erscheint. Aber ein neues Haus braucht sie nicht. „Ich habe ein Haus. Ich weiß ja gerade nicht, ob ich das Haus für mich allein behalten will." Wir fragen uns dann, ob man den Hausbau vielleicht symbolisch verstehen könne: ein neues Haus als Symbol für ihre neue Identität und deren Schutz. Das muss aber erst noch gebaut werden. So könnte sie den Traum verstehen, aber warum hat ihr Mann ihr nicht gesagt, wie dieses Haus sein soll? „Alles muss man selber machen …", klagt sie und fügt hinzu: „Meine Weltanschauung ist ja so ziemlich zusammengebrochen. Deshalb brauche ich wohl einen neuen Schutz im Leben. Aber mich freut, dass Klaus gesund ist im Traum, ihm geht es gut."

Das ist einer der typischen Träume, in denen der Verstorbene gesund erscheint, fast im besten Alter. Für mich als Therapeutin ist das immer auch ein Zeichen, dass schon sehr viel Trauerarbeit geleistet wurde, dass man nicht mehr so sehr im Schmerz gefangen ist, sondern auch mit dem Verlust leben kann. Für die Trauernden ist das jeweils Ausdruck dafür, dass es dem Verstorbenen dort, wo er jetzt ist, gut geht.

Der Sinn fehlt noch immer

Wir vertiefen uns weiter in den fehlenden Sinn des Lebens. Woran merkt sie denn, dass ihr Leben keinen

Sinn mehr hat? „Nichts ist mehr schön. Dinge, die ich früher für schön gehalten habe, etwa Blumen, finde ich nicht mehr schön." Jetzt frage ich zurück: „Welche Blumen sind denn besonders schön?" – „Im Frühling die Narzissen, die Veilchen. Im Sommer die Rosen. Ja, überhaupt ganz viele. Wissen Sie, ich habe in meinem Garten sehr schöne Blumen. Diese Blumen habe ich letztes Jahr trotz allem immer gepflegt, wenn ich sie mit Klaus noch ansehen könnte, wären sie vielleicht noch schöner. Dann könnte ich mich noch mehr freuen. Ich habe keine Ziele mehr, keine Wünsche, keine Pläne. Ich habe so ein paar Erinnerungen, denen ich nachspüren kann, auch mit Freunden zusammen. Ich schreibe sie auch auf. Aber das berührt mich auch nicht so besonders. Ich mache das noch für die Therapie. Ich nehme an, Sie finden das gut für mich. Aber ich merke, mir fehlt etwas Entscheidendes bei diesem Mich-Erinnern: unser gemeinsames Erinnern. Wenn man so zusammensaß an einem Feuer mit einem Glas Wein: ‚Weißt du noch, als wir damals in New York waren?'" Dann erzählt sie davon, wie sie und ihr Mann einmal in New York ihr Hotel nicht mehr wiedergefunden hatten, auch nicht mehr genau wussten, wie es hieß, dabei aus dem Lachen nicht mehr herauskamen, sich schon bei der Polizei sahen. Dass sie dann aber doch noch den Namen des Hotels erinnerten, was eigentlich schade war. Diese Erinnerung bringt sie auch jetzt zum Lachen – und dann gleich auch zum Weinen, weil so etwas eben nicht mehr möglich ist.

Sie hat den schönen Garten gepflegt, auf meine Nachfrage hin nennt sie die schönen Blumen – Schönheit ist bei ihr offenbar mit der Erfahrung von Sinn verbunden. Mit ihrem Mann könnte sie sich noch mehr daran freuen. Offenbar freut sie sich daran, aber die Trauer scheint noch die Freude zu verdecken. Ebenso die Erinnerung an New York: Sie kann das damalige Lachen durch die Erzählung wieder zurückholen – und es wird begleitet vom Weinen. Aber jetzt ist beides erlebbar: das Lachen und das Weinen, die schönen Blumen, die schöner wären, wenn sie den Anblick mit ihrem Mann teilen könnte. Sie leidet darunter, dass das Beziehungsselbst zu einem Ende gekommen ist, nur noch in der Erinnerung zugänglich, dort aber kostbar.

„Mein Leben hat keinen Sinn mehr" heißt in diesem Zusammenhang: Wenn die Beziehung zum Partner nicht mehr weitergehen kann – und das ist ihr nun wirklich bewusst geworden –, hat das Leben keinen Sinn mehr. Das Beziehungsselbst enthielt für sie auch ein zentrales Sinnkonzept, das ihr genommen wurde. Angesichts des Todes hat das Leben keinen Sinn mehr. Die Erfahrung des Todes hat sie nun existentiell erreicht, etwa nach einem Jahr des Trauerns. Liebe wird oft erlebt als eine Kraft gegen die fundamentale Einsamkeit des Menschen. So hat die Trauernde ihre Liebesbeziehung verstanden, die sie trug. Aber man kann der fundamentalen Einsamkeit, die der Tod bringt, nicht entgehen. Auch das ist eine existentielle Situation.

Wir sprechen über diese Erfahrung, über die existentielle Einsamkeit. Auch darüber, dass man ihr nicht entgehen kann. Sie versteht, sie fühlt sich verstanden und beharrt darauf, das Leben habe so keinen Sinn. Sie fühle dieses ungeheure Alleinsein, das Ausgeliefertsein an das Schicksal. Dann fügt sie an, wenigstens könne sie mit mir darüber sprechen. Ich würde nicht versuchen, ihr einen Trost anzubieten. Wenn sie gewusst hätte, wie sehr ich mich immer wieder innerlich zurücknehmen musste, um keinen Trost zu spenden, um nicht doch noch irgendeinen Sinn aufzuzeigen außer diesem Weiterleben, auch wenn dieses keinen Sinn hat. Insofern habe ich dennoch auch einen Sinn angesprochen: Es hat einen Sinn weiterzuleben, auch wenn man den Sinn entbehrt. Diese Bestimmung von Sinn war allerdings ziemlich freilassend. Die Patientin musste nicht einen Sinn finden, ihrem Leben jetzt einen Sinn geben. Wir hatten das Fehlen eines Sinns miteinander ausgehalten. Das erinnert an Gedanken von Karl Jaspers: Diese Situation muss ausgehalten werden; in der Therapie haben wir sie miteinander ausgehalten.

Es hatte keinen Sinn, das Leben, aber sie lebte trotzdem weiter. Sie machte große Wanderungen. Zu gehen half ihr – und es hilft vielen Menschen in schwierigen Zeiten. Solange man geht, geht noch etwas. Sie erzählte mir auch, dass sie jetzt andere Mahlzeiten koche, weil sie sich ja jetzt nicht mehr an ihren Mann anpassen müsse. Sie traf sich mit ihrer Familie und erzählte von vergnüglichen Begebenheiten. Ich selbst als Therapeutin fühlte mich sehr engagiert, ohne etwas „machen" zu wollen, einfach engagiert, diese Situation mit ihr zu halten, auszuhalten als das Bewusstwerden einer existentiellen Wahrheit: Alle Menschen sind sterblich, also auch ich. Man wird nicht gefragt, man kann dem Leiden nicht entgehen. Es gibt keine Zuflucht zu irgendetwas. Ausweichen ist letztlich unmöglich. Es ist einfach so und dennoch lebt man – auch in Einsamkeit – weiter.

Ich hatte in der Gegenübertragung ein Bild, mehr noch eine Körpererfahrung: Ich spürte, dass ich in der Imagination einem großen Sturm ausgesetzt war, ohne jeden Schutz. Aber ich spürte ebenso in meinem Körper, dass ich diesem Sturm standhalten konnte und standhalten wollte. Das heißt natürlich, dass diese Erkenntnis, von der ich zu der Patientin gesprochen hatte, mich genauso betroffen hat wie sie. Diese existentiellen Situationen gelten nicht nur für die Patienten und Patientinnen, sie gelten auch für uns Therapeuten und Therapeutinnen. Es ist etwas, was anzunehmen ist, wovor es keine Flucht gibt. Wenigstens kann sie mit mir darüber sprechen, hat sie gesagt, und ich versuchte, sie nicht zu trösten. Der Trost im Gespräch mit einem anderen Menschen liegt aber gerade darin, dass der Mensch diese Sinnlosigkeit und diese Herausforderung mit aushält.

Dennoch fiel mir gerade in dieser Situation ein, dass Menschen nie aufhören zu hoffen. Meine Psyche antwortete auf die Erfahrung von Sinnlosigkeit, von der die Patientin sprach. Ich hatte schon viel zum Thema Hoffnung gearbeitet, nicht so sehr über Erwartungen, sondern über Hoffnung als eine Begleitemotion des Lebendigseins. Solange wir leben, hoffen wir irgendwie auf das Bessere. Der Neurowissenschaftler Damasio hat einmal geschrieben, dass es der Wille jeder einzelnen Zelle sei, solange wie möglich am Leben zu bleiben.[116] Dem entspricht für mich psychologisch die Erfahrung von Hoffnung als eine Begleitemotion des Lebendigen. Von diesem Einfall, der mich geradezu überfiel und mich emotional wieder in ein Gleichgewicht brachte, habe ich nicht zu meiner Patientin gesprochen. Ich verstand, dass dieser Bezug auf eine fundamentale Hoffnung, die einfach zum Leben dazugehört, zunächst einmal für mich selbst wichtig war, aber auch ganz gut passte zu diesem Weiterleben, auch wenn man keinen Sinn im Leben sieht. Diese meine Hoffnung könnte auch im Sinne eines gemeinsamen Unbewussten bzw. einer unbewussten Ansteckung in der Patientin die Hoffnung ausgelöst haben, ihren Verlust und die Sinnlosigkeit aushalten zu können. Wenn man in einem therapeutischen Prozess Emotionen und Gefühle teilt, stecken wir einander auch emotional an, wirken wechselseitig aufeinander ein.

Ich könnte noch alles Mögliche machen …

Nach einem weiteren halben Jahr, sie ist jetzt etwa eineinhalb Jahre in Therapie, stellt sie fest: „Alles ist ziemlich unsicher, aber ich fühle mich freier. Ich könnte noch alles Mögliche mit meinem Leben machen." – „Was denn so?" – „Einen humanitären Einsatz. Oder auch einmal ein Jahr überhaupt nichts machen. Psychologie studieren ... Wenn ich nichts machen würde, würde mir wahrscheinlich am meisten einfallen, auch etwas, das mir jetzt nicht in den Sinn kommt." – „Und was könnte das sein?" – „Zu Fuß den Jakobsweg machen, richtig weit, und schauen, welche Menschen mir begegnen. Vielleicht ist noch einmal ein Mensch darunter, mit dem ich den Rest meines Lebens verbringen möchte. Mit diesen Menschen wirklich sprechen. Nicht so das Übliche, sondern wirklich. Oder einfach im Internet nach einem

Partner suchen." In der Fantasie nehmen Pläne für ein zukünftiges Leben immer mehr Raum ein, verbunden mit einem Lebensgefühl, dass noch vieles möglich ist. Sie wagt zu denken, dass sie Dinge tun könnte, die Klaus nicht gefallen hätten. Sie erzählt, dass sie abends mit Klaus spricht, ihm zum Beispiel sagt, dass sie auf eine sehr lange Wanderung gehen wolle. Er gebe keine Antwort, nicke nur. Er nicke zu allem. Es habe wohl keinen Sinn mehr, auf eine Antwort zu warten.

Wenn sie Dinge tut, die Klaus nicht gefallen würden, fühle sie sich schuldig – aber nur vorübergehend. Sie hat viele Pläne. Noch setzt sie nichts davon um. Wir sprechen darüber, dass sie beim Realisieren sicher feststellen wird, dass einiges nicht hält, was es verspricht. Dass sie vielleicht auch in alte Muster zurückfällt. Aber sie beginnt nach und nach, ihre Wünsche in die Realität umzusetzen. Sie geht auf eine Wanderung. Sie trifft Menschen, die ihr gefallen, aber keiner ist so wie ihr verstorbener Partner – weit entfernt davon.

Nach und nach stellt sie fest, einen neuen Partner zu finden, sei im Moment nicht das Richtige. Sie möchte Spuren hinterlassen im Leben, ihr Organisationstalent dort einsetzen, wo es um die Verbesserung des Lebens von Menschen geht, wo es einen Unterschied macht, ob sie sich einbringt oder nicht. Das setzt sie in die Realität um. Je mehr sie sich wieder neu einbringt im Leben, desto weniger stellt sich ihr die Frage nach dem Sinn. Sie fragt auch nicht mehr nach einem großen Sinn, sondern es geht darum, einfach zu leben, weil sie lebt. Auch zu leben, weil sie noch Spuren hinterlassen möchte. Das ist offenbar Grund genug. Sie findet, sie könne jetzt ohne Therapie sein, erbittet sich aber die Möglichkeit, wieder vorbeizukommen, wenn sie es braucht.

Die Schwierigkeit des Abschiednehmens und die freudige Möglichkeit der Neuanfänge werden in diesem Beispiel aus der Therapie deutlich –, verbunden mit der Idee, dass Verluste mit einem Sinnverlust einhergehen können. Das ist die existentielle Situation, die, oft unbenannt, mit einem Verlust einhergeht: dem Sinnverlust.

Komplizierte Trauer

Sich von dem, was verloren, was nicht mehr im eigenen Leben präsent ist, abzulösen und sich den Neuanfängen wieder zu öffnen, ermöglicht uns der Trauerprozess. Nun gelingt das Trauern nicht immer und es gibt Menschen, die depressiv werden. Menschen, die trauern, und Menschen, die depressiv sind, unterscheiden sich. Diese Unterscheidung ist wichtig, denn Trauernde finden nach einiger Zeit in ihr Leben wieder zurück und können auch von einer Trauerbegleitung profitieren. Menschen, die mit einer Depression reagieren, brauchen dagegen eine tiefenpsychologisch orientierte Psychotherapie.

Trauernde können sich manchmal auch depressiv fühlen, wenig Antrieb spüren, möchten am liebsten nur schlafen, bis es weniger schmerzt, dann wüsste man nicht um den Verlust – meistens, wenigstens –, da könnte man vergessen. Der entscheidende Unterschied zwischen einer Trauerreaktion und einer depressiven

Reaktion auf Verlust besteht jedoch darin, wie Emotionen und Gefühle erlebt und gezeigt werden. Trauernde erleben viele verschiedene Emotionen, und zwar in sehr raschem Wechsel: Sie weinen, dann lachen sie wieder, sie sind wütend, haben Schuldgefühle, dann wieder Angst. Diese auch widersprüchlichen Emotionen können rasch aufeinander folgen, deshalb ist auch die Rede von der Phase der „aufbrechenden chaotischen Emotionen". Auch wenn die Verlusterfahrung und der Schmerz darüber noch im Vordergrund stehen, können Trauernde sich doch auch freuen. Manche fühlen sich schuldig, wenn sie sich freuen, denn sie meinen, sie sollten traurig sein. Trauer und Freude gehören jedoch zusammen. Auch bei der Erinnerungsarbeit treten immer wieder Situationen auf, in denen die Augen aufleuchten, der trauernde Mensch sich glücklich erinnert und dann weiß, dass es das nur noch in der Erinnerung gibt.

Menschen mit einer Depression zeigen diese schnell wechselnden, starken Emotionen nicht. Sie wirken einfach traurig, abgestellt, grau, sind emotional in ihrem depressiven Affekt gefangen. Sie fühlen sich erschöpft, klagen sich selbst an, haben Schuldgefühle. Zu Freude, auch zu freudigen Erinnerungen, haben sie spontan keinen Zugang.

Während Trauernde wüten, etwa gegen das Schicksal, sich deutlich ärgern über Menschen, die sich nicht richtig benommen haben, wird der Ärger von den Depressiven nicht ausgedrückt, er ist aber für Begleitpersonen spürbar, gelegentlich auch spürbar im emotionsarmen Klagen.

Trauernde weinen oft, Depressive weinen selten. Trauernde haben oft lebendige Träume, suchen diese und interessieren sich dafür, besonders wenn sie von verstorbenen Menschen handeln. Menschen in der Depression haben eher wenig Zugang zu Träumen. Während Trauernde sich vorwerfen, sich zu wenig um den Verstorbenen gekümmert zu haben, also oft etwas versäumt zu haben, kreisen die Schuldgefühle der Depressiven hartnäckig darum, nicht gut genug gewesen zu sein. Sie hätten doch eigentlich diesen Tod verhindern können müssen. Bei Trauernden haben die Mitmenschen die Tendenz, ihnen in irgendeiner Form zu helfen, bei Depressiven ist dies wesentlich weniger oft der Fall.

Komplizierte Trauer geht mit Depression einher, dazu können weitere Eigentümlichkeiten kommen, wie die Mumifizierung, d. h. die Tendenz, nichts im Leben verändern zu wollen, sondern alles so zu behalten, wie es zum Zeitpunkt des Todes war, oder auch die Übernahme von Symptomen des Verstorbenen.[117]

Eine komplizierte Trauer kann sich aus vielen unterschiedlichen Gründen entwickeln. Die Art des Todes kann einen Einfluss haben auf das Trauern: Überraschende Tode, gewaltsame Tode oder Tode, an denen man selbst mitbeteiligt ist oder sich mitbeteiligt glaubt, Tod durch Suizid, Tode, bei denen keine Leiche gefunden wird, können den Trauerprozess beeinträchtigen. Wenn viele belastende Ereignisse zum Verlusterlebnis noch hinzukommen, besonders dann, wenn es kein oder nur ein wenig tragfähiges Beziehungsnetz gibt, wird der Trauerprozess zusätzlich erschwert. Verlusterfahrungen in der frühen Kindheit, aber auch verschiedene Verlusterfahrungen im späteren Leben führen eher zu komplizierter Trauer. Grundsätzlich gilt: Je mehr Ressourcen ein Mensch hat – Ressourcen in seinem sozialen Umfeld, d.h. je mehr Bindungspersonen es gibt, je mehr Vertrauen in helfende Situationen möglich ist, aber auch Ressourcen aus der eigenen psychischen Konstitution –, desto eher wird ein Trauerprozess zu bestehen sein.

Depressive Struktur

Ein wesentlicher Aspekt der Trauerarbeit ist das Ablösen vom Verstorbenen, ohne dass alles, was in der Beziehung gewachsen ist, verloren gegeben werden muss. Das geschieht dadurch, dass man sich vom Beziehungsselbst auf das individuelle Selbst zurückorganisiert. Dieser Prozess wird erschwert, wenn man in der Beziehung zu wenig autonom war, sich zu sehr an den Partner oder die Partnerin angepasst hat. Wer dadurch eine depressive Struktur entwickelt hat, kann bei einem Verlust mit einer Depression reagieren – *kann*, muss aber nicht. Struktur meint, dass die Beziehung zwischen dem Ich und den Mitmenschen immer wieder in einer ähnlichen Art gestaltet wird. Man bewegt sich immer wieder in denselben Verhaltensmustern, benutzt immer die gleichen Wege, an die man sich gewöhnt hat. Wir machen immer in etwa dasselbe, und daraus werden dann Strukturen. Depressive Struktur heißt, dass ich zuerst schaue, was der andere will und braucht, und ich mache das, weil ich denke, dass der andere das von mir so erwartet. Ich bin dann allerdings auch ärgerlich, weil ich das alles machen muss. Im Gegenzug weiß ich aber nicht, was ich selbst fühle und möchte. Eine depressive Struktur entsteht vor allem dadurch, dass man sich dem anderen Menschen anpasst und sich selbst dabei aus dem Blick verliert. Dadurch verspricht man sich Liebe, die man dringend braucht, auch Schutz vor ängstigenden Situationen. Man hat dann auch jemanden, der für einen die Entscheidungen trifft.

Alle Menschen wollen mit anderen vertrauliche Bindungen haben, aber auch selbstständig und autonom sein. Menschen leben in einer Spannung zwischen Autonomie und Abhängigkeit.[118] Im Laufe des Lebens gelingt es den meisten, eine einigermaßen gute Balance zwischen Autonomie, Anpassung und Abhängigkeit zu entwickeln, was auch ein gutes Austarieren von Distanz und Nähe zu den Mitmenschen ermöglicht. Natürlich macht man immer auch etwas für den anderen Menschen, weil er es möchte, weil sie es braucht – weil man sich darüber freut, behilflich sein zu können, etwas für einen anderen Menschen tun zu können, aber man behält dabei auch sich selbst im Blick. Hat man aber eine deutlich depressive Struktur entwickelt, dann funktioniert das Wechselspiel zwischen Autonomie und Anpassung nicht: Man passt sich zu sehr an und verliert sich selbst aus dem Blick. Oft wissen Menschen mit einer depressiven Struktur zwar, was ihr Partner sich wünscht, nicht aber, was sie sich selbst wünschen. Auf die Frage, was sie selbst sich wünschen, kommt oft ein „Ich weiß nicht“. Diese Menschen sagen von sich, sie würden für den anderen leben, sie können selbstlos sein, aber dabei verlieren sie ihr eigenes Selbst. Das eigene Selbst zeigt sich dann nur im unterschwelligen Ärger, in der latenten Unzufriedenheit. Wer so selbstlos agiert, möchte dafür geliebt werden und eine dem Einsatz angemessene Wertschätzung bekommen. Diese bleibt aber meistens in der erwünschten Weise aus. Der Ärger darüber darf nicht gezeigt werden, denn dann würde die erhoffte Liebe noch eher ausbleiben, so wird befürchtet. Das ist der Unterschied zu Menschen, die auch viel für andere tun, ohne eine ausdrücklich depressive Struktur zu haben. Sie können ihrem Ärger lautstark Ausdruck geben, wenn sie der Ansicht sind, jetzt ausgenutzt zu werden.

Der Zugang zum Ärger wäre wichtig, denn er würde darauf hinweisen, wo jemand über die Grenzen von einem gegangen ist, wo man selbst über die eigenen Grenzen geht, wo man sich nicht erlaubt, die Grenzen auszuweiten, sondern irrtümlich meint, die anderen würden es einem verbieten. Das eigene Selbst, das man in den Hintergrund gestellt hat, um selbst-los zu sein, wird im bewusst erlebten Ärger spürbar. Man würde auch aktiviert, denn der Ärger – im Unterschied zur Angst – bringt uns dazu, etwa anzupacken.

Bei Menschen mit einer depressiven Struktur ist das Beziehungsselbst dann mehrheitlich das Selbst des anderen. Wer so ganz und gar im anderen aufgegangen ist, hat das eigene Selbst zu wenig wahrgenommen und muss es im Trauerprozess erst noch finden, um sich vom Beziehungsselbst auf das eigene Selbst zurückorganisieren zu können.

13. Reifen durch den Trauerprozess

Menschen, die einen Verlust erlebt und sich durch einen Trauerprozess dem Leben auch wieder haben zuwenden können, beschreiben den Verlust und die Auseinandersetzung mit dem Verlust als eine Zäsur in ihrem Selbst- und Welterleben. Sie bezeichnen sich als „reifer, verantwortungsvoller, zufriedener, fürsorglicher".

Das Thema der Reifung nach Bewältigung einer schwierigen, existentiell einschneidenden Lebenssituation wurde in den 1990er-Jahren unter dem Titel „Posttraumatic growth" (PTG) aufgegriffen, dies vor allem im Zusammenhang mit den Studien zur Traumatisierung und den komplexen posttraumatischen Folgestörungen, die sich etwa in Albträumen, Schlafstörungen, Freudlosigkeit, Rückzug oder Depression, Angst, Panik, selbstschädigendem Verhalten, Dissoziationen, psychosomatischen Störungen etc. zeigen.[119] Die Forschungsfrage war: Gibt es nur die posttraumatischen Folgestörungen, oder gibt es auch so etwas wie ein posttraumatisches „Wachstum"?

Tedeschi und Calhoun[120] haben sich intensiv mit Studien zu PTG beschäftigt. „Posttraumatic growth" wird von den Autoren verstanden als positive psychologische Veränderungen, die sich durch Auseinandersetzung mit sehr herausfordernden, emotional bedeutsamen Lebensumständen ergeben haben. Unter diesen sehr herausfordernden Lebenssituationen verstehen sie Traumata, Krisen, ganz allgemein Situationen, die großen Stress auslösen. Unterdessen scheint es keine Frage mehr zu sein, ob es „Posttraumatic growth" gibt. Es scheint ein großes Bedürfnis zu bestehen, ein solches Wachstum auszumachen – bei Menschen, die schwere Schicksalsschläge erlitten haben, aber auch bei Forscherinnen und Forschern. Untersucht wird jetzt eher, unter welchen Umständen es zu diesem Wachstum kommt und warum diese Erfahrung sich von Mensch zu Mensch auch unterscheidet.[121]

Allerdings ist das Reifen durch schwierige Erlebnisse nicht ein Reifen, das man aktiv sucht, sondern ein Reifen, ein Wachsen, das sich ereignet, durch die Auseinandersetzungen mit den Herausforderungen, ein Reifen, das man mit Genugtuung, Freude und Staunen wahrnehmen kann. Das bedeutet aber nicht, dass dadurch das Leiden einfach verschwunden wäre: Menschen können noch unter den Folgen eines sehr schwierigen Lebensereignisses leiden, aber dennoch auch schon wahrnehmen, dass sie an der Herausforderung gewachsen sind, dass sie neue Wesenszüge oder solche, die schon immer da waren, sich aber nun merkbar verstärkt haben, an sich bemerken.

Wachsen an einem Schicksalsschlag

Von Schicksal sprechen wir, wenn etwas, das wir nicht beeinflussen können, in unser Leben einbricht, über uns hereinbricht, wodurch sich vieles verändert, was wir für garantiert gehalten haben – etwas, das uns zutiefst erschüttern kann und mit dem wir uns dann auseinanderzusetzen haben. Es ist eine Herausforderung an unser Leben und oft auch an die mit uns verbundenen Menschen. Das Annehmen des Schicksalsschlags als eine Situation, die in keiner Weise gewollt wurde, die es aber zu respektieren, mit der es umzugehen gilt, das Umgehen mit dieser neuen, realen Lebenssituation kann zu einer Entwicklung führen.

Eine als positiv erfahrene Veränderung nach einem Schicksalsschlag kann dort am deutlichsten erlebt werden, wo dieser Schicksalsschlag den Menschen zentral getroffen hat, die eigene Existenz als „zerbrochen" erlebt worden ist. Es sind Situationen von hoher Emotionalität, verbunden mit Desorientierung: Man versteht sich selbst nicht mehr, man versteht aber auch das Leben nicht mehr. Man erlebt eine große Diskrepanz zwischen dem, was man früher als selbstverständlich gesichert für das eigene Leben angenommen hat, und der Erfahrung, die das Leben in die Krise gestürzt hat. Wenn man sich aber der Herausforderung stellt und infolgedessen durch einen längeren psychischen Prozess Heilung stattfindet, ist es möglich, sich wieder als einen Menschen zu erleben, der in sich kohärent ist, kann man sich wieder auf sich selber verlassen, sich auch des Lebens wieder freuen, sich zuversichtlich auf die Zukunft beziehen.

Wenn man sich der Krise und der Dynamik, die in ihr ist, verweigert, würde ein wichtiger Entwicklungsschritt nicht getan. Man hat die Krise dann „vergeudet", sie nicht genutzt. Schwierigkeiten im weitesten Sinne, wie sie sich auch in der Verlustkrise zeigen, können also als Entwicklungsaufgaben verstanden werden, von denen man sich herausfordern lassen oder denen man sich verweigern kann.

Woran merken Menschen, dass sie sich durch eine schwierige Lebenssituation auch zum Besseren hin verändert haben? Tedeschi und Calhoun[122] beschrieben fünf Bereiche, in denen posttraumatisches Wachstum auszumachen war, und haben auch einen Fragebogen zu Veränderungen in diesen Bereichen konstruiert: Es geht um die größere Wertschätzung des Lebens und die Veränderung im Setzen von Prioritäten, um wärmere, nähere Beziehungen zu anderen Menschen, um ein besseres Gefühl für die eigene Stärke, um neue oder wiederauflebende spirituelle Entwicklungen und generell um die Wahrnehmung von neuen Lebensmöglichkeiten. Menschen berichten davon, dass das Leben ihnen kostbarer, weniger selbstverständlich ist. Verbunden mit dieser Erfahrung ist das Erleben von mehr Freude. Fragt man genauer nach, dann wird Freude an der Natur genannt, an Beziehungen, an der Kultur, Freude, dass man noch eine verheißungsvolle Zukunft hat, dass noch so vieles möglich ist. Das Wachstum zeigt sich konkret in Lösungen, die für Probleme gefunden worden sind, in neuen Wegen, die gegangen werden, schon gewählt wurden oder zumindest angedacht sind. Es ist kein Zukunftsschwund mehr auszumachen, sondern Lust, die Zukunft zu gestalten, so gut wie möglich. Die Beziehungen zu den ihnen wichtigen Menschen werden von Menschen nach der Verlustkrise bewusster wahrgenommen und intensiver erlebt, Gefühle der Dankbarkeit werden benannt. Dies besonders dann, wenn es dem Menschen in und nach der schwierigen

Zeit bewusst wird, wie sehr es ihm geholfen hat, sich mit anderen Menschen auszutauschen, darüber zu sprechen, sich anderen in seiner Not und Ausweglosigkeit zu zeigen – und Zuwendung zu bekommen. Verbunden damit wird oft ausgedrückt, wie wichtig die Beziehung zu Menschen ist, wie viel man freundlichen, hilfsbereiten Menschen verdankt und dass man sich auch selber mehr den Nöten der Mitmenschen zuwenden möchte.

Panksepp und Biven[123], Vertreter der affektiven Neurowissenschaft, weisen auf einen Zusammenhang mit den grundlegenden Emotionssystemen hin, die erklären könnten, warum Menschen in einer Verlustsituation die Mitmenschen mehr als helfend wahrnehmen als früher in ihrem Leben, wie sie aber auch nach einem Verlust den Mitmenschen zugewandter sind. Panksepp und Biven beschreiben bei Säugetieren sieben grundlegende emotionale Systeme, die sie in Großbuchstaben schreiben, um klarzumachen, dass sie sich auf neuronale Netzwerke beziehen und nicht um Emotionen im alltäglichen Sinne verstanden werden sollen. Die beiden affektiven Neurowissenschaftler verstehen diese Systeme „als primärprozesshafte psychologische Erfahrungen, die zu den ‚Gegebenheiten' vom BrainMind (GehirnGeist) der Säugtiere gehören“[124]. In Tierversuchen wiesen sie schlüssig nach, dass dann, wenn eine Verlustsituation erlebt wird und das GRIEF-System aktiviert ist, das CARE-System hochgefahren wird, ein System der nährenden Fürsorglichkeit.[125] Wenn das CARE-System ausgleicht, dann ist auch wieder das PLAY-System aktiviert, man kann sich wieder lustvoll und kreativ in die Welt der Mitmenschen einbringen, miteinander wieder etwas gestalten.

Mit Unverfügbarem umgehen, sich neu freudig auf das Leben einlassen, eine große Wertschätzung für die Hilfsbereitschaft der Mitmenschen entwickeln, den Vorsatz treffen, auch selber für andere Menschen hilfreich sein zu wollen – all das kann eine Folge der Auseinandersetzung mit einem Schicksalsschlag sein.

Die Bedeutung der Innenwelt

Wer in einer schwierigen Verlustsituation erlebt hat, dass nicht nur Mitmenschen, sondern auch die eigene Innenwelt äußerst hilfreich war in der Auseinandersetzung mit den emotionalen Schwierigkeiten, wird auch eine neue Beziehung zur eigenen Innenwelt entwickeln. In Träumen kann Anregung zur Bewältigung von aktuellen Schwierigkeiten gefunden werden; Imaginationen – Zeichen eines lebendigen Innenlebens – können große Einseitigkeiten immer wieder ausbalancieren. Die Emotionsregulierung, das Umgehen mit sehr schwierigen, überwältigenden Emotionen, kann durch Arbeiten mit Symbolen, etwa durch Imagination oder Malen, wiederhergestellt werden, und dadurch gewinnt man psychisches und körperliches Wohlbefinden. Grundsätzlich wird ein neues, besseres Selbstwertgefühl erlebt, verbunden mit der Erfahrung von mehr Selbstwirksamkeit, dem Gefühl, etwas im eigenen Leben bewirken zu können, auch schwierigen Situationen gewachsen zu sein: „Ich habe das durchgestanden, jetzt kann mich nichts mehr so schnell umwerfen." Dieses bessere Selbstwertgefühl, nicht nur im Zusammenhang mit dem Erleben von mehr Kompetenz, sondern auch im Erleben von Mut zur Existenz ganz allgemein, ist verbunden mit einem unabweisbaren Bewusstsein der eigenen Verletzlichkeit, dem Wissen darum, dass sich alles auch ganz schnell verändern kann.

Alle diese Veränderungen bewirken, dass andere Prioritäten gesetzt werden, dass neu bewertet wird, was wirklich wichtig ist im Leben, verbunden mit dem neuen Selbst und Weltbezug. Existentielle Fragen stellen sich: Was ist der Sinn des Lebens? Aber auch: Welchen Sinn will ich meinem Leben geben, angesichts von Krankheit, Tod, Destruktion? Die herausfordernde Lebenserfahrung wird in die Biografie, in die Geschichte des eigenen Lebens eingewoben, als eine Erfahrung, die die eigene Identität in einer bedeutsamen Weise geprägt hat und ein bedeutender Teil von ihr ist. Manche Menschen kommen zu dem Schluss, dass das Leben keinen Sinn hat, dass sie aber, gerade auch durch die Erfahrungen, die sie gemacht haben, trotzdem ihrem eigenen Leben Sinn geben können. All diese Überlegungen kumulieren in der Frage, wofür man sich in der Zukunft einsetzen will. Man kann wieder etwas in Angriff nehmen, etwas Neues beginnen, kreativ sein.

Die Frage nach dem Sinn bringt Menschen dazu, sich mit ihrer Spiritualität entweder wieder neu auseinanderzusetzen oder aber sich überhaupt erstmals spirituelle Fragen zu stellen.

Sich den verschiedenen Gefühlen des Trauerns zu überlassen, ermöglicht es, sich wieder der Zukunft zuzuwenden – dem Leben. Man will wieder leben, man kann leben, man spürt eine Zärtlichkeit gerade auch für das bedrohte Leben.

Der Trauerprozess als Paradigma für den Umgang mit Wandlungsprozessen

Im Trauerprozess spüren wir, was wir verloren haben, lernen aber auch, mit dem Verlust umzugehen und uns wieder neu auf das Leben einzulassen, wieder eine Zukunft zu haben, obwohl wir nie wissen, was uns alles noch ereilen wird. Wir haben wieder die Energie, die Zukunft zu gestalten, Energie für ein neues Sich-Öffnen, auch für neue Aufbrüche. Es geht um die schöpferische Vorstellungskraft – und das nicht nur für das eigene Leben, sondern auch für das Leben als Gesellschaft in der jetzigen Situation. Wir Menschen sind kreativ, wenn wir uns der Zukunft nicht versagen.

Kreativität als Grundbegabung

Kreativ sein zu können, ist eine existentielle Grundbegabung des Menschen, eine originäre menschliche Möglichkeit, immer wieder auch etwas Neues, Anderes, vom Alltäglichen Abweichendes hervorzubringen. Kreativität ist verbunden mit der Vorstellungskraft und mit der Freude am Experimentieren, mit Lebendigkeit, mit Spielfreude. Das Ziel der Kreativität ist, neue Wege zu finden, neue Perspektiven einzubringen. Manche beginnen zu schreiben oder zu malen, und das kann natürlich auch Kunst sein, aber in meinen Augen ist es mehr Kreativität als Lebenskunst. Es geht um ein Spiel mit Möglichkeiten, um die immer wieder mögliche Öffnung eines Möglichkeitsraums, auch in schwierigen Zeiten.

Die affektiven Neurowissenschaftler Jaak Panksepp und Lucy Biven gehen davon aus, dass Menschen grundsätzlich „schöpferisch" sind. Dabei betonen sie im Zusammenhang mit Kreativität die Wichtigkeit des sogenannten SEEKING-Systems (Such-Systems, der Motivation) in Verbindung mit dem PLAY-System, der Bedeutung des Spielens. Das SEEKING-System ist für Panksepp an aller emotionalen Erregung beteiligt, und es leitet die Suche nach Ressourcen ein, um zu überleben, aber auch nach Belohnung, Freude. Dem SEEKING-System entsprechen auf einer zweiten Ebene die Emotionen Neugier, Interesse und Freude, es ist aber auch die Grundlage dafür, dass wir Menschen immer auch Suchende sind – auf der Suche nach etwas, das uns erfüllt, freut, uns hilft, zu überleben und uns gut zu fühlen. Das SEEKING-System, das biologisch in uns angelegt ist, ermöglicht es uns – in jedem Alter –, Einfälle zuzulassen, sich Vorstellungen und Gedanken zu machen, was reizvoll sein könnte und einen interessiert, sich auf das zuzubewegen, was einem noch fehlt und wozu man neigt, sich immer wieder vorzustellen, wie es denn auch noch sein könnte.

Es geht zunächst um Kreativität in der alltäglichen Lebenspraxis, in der etwas als „neu" erfahren wird, man hat etwas erfunden oder gefunden, man freut sich darüber, es ist lustvoll, beglückend, erstaunlich, überraschend, nicht selten in Verbindung mit der Bewältigung einer alltäglichen Schwierigkeit: Man hat eine neue Lösung gefunden. Wenn vieles nicht mehr geht, muss man erfinderisch werden. Und das sind Menschen zum Glück.

Diese Art von Kreativität ereignet sich in den Individuen selber, aber auch in den Netzwerken, in denen man sich bewegt – durch Austausch von Vorstellungen, wie etwas bewältigt werden könnte. Auch diese eher alltägliche Form der Kreativität hat eine emergente Qualität: Plötzlich wird etwas erlebt, kann etwas so gesehen werden, wie es zuvor nicht möglich war. Und dies löst Freude aus.

Schöpferisches Denken bedeutet immer auch, davon auszugehen, dass die eigene Situation auch anders sein kann, dass Leben auch anders werden kann. Ganz praktisch kann man auftretende Schwierigkeiten als Herausforderungen verstehen: Wer seinen Einfallsreichtum nutzt, dem fallen viele Dinge ein – durchaus im Rahmen der Alltagskreativität. Was wäre unser Leben ohne Einfälle, den guten und den weniger guten? Einfälle, das sind Vorstellungen, mit denen wir uns auseinandersetzen, die wir in die Realität umsetzen oder aber auch unter denen wir leiden. Vorstellungen gehören zum Menschsein, Vorstellungen helfen uns, mit der Realität umzugehen, vor allem aber auch, Zukunft zu gestalten.

Neue Perspektiven:
Was wären wir ohne Vorstellungen?

Nach Fox und Team,[126] bekannten Neurowissenschaftlern, sind Vorstellungen, Fantasien, auf die Selbsttätigkeit der Seele zurückzuführen. Vorstellungen erleben wir zunächst oft unwillkürlich, als Folge der selbstgenerierten Denkprozesse, die kontinuierlich unter der Bewusstseinsschwelle stattfinden und – konkurrierend mit anderen Inputs oder Signalen im Gehirn – unsere Aufmerksamkeit beanspruchen. Diesen Prozessen kann man sich bewusst zuwenden; sie können auch zu schöpferischen Einfällen führen, die man dann weiterbearbeitet. Grundsätzlich beanspruchen unsere Vorstellungen, Fantasien, unsere Aufmerksamkeit, selbst dann, wenn wir es nicht wollen.

Ähnlich hat C. G. Jung die Vorstellungen, Fantasien, schon einmal beschrieben und deren grundlegende Bedeutung herausgestellt: Er schreibt: „Ich bin tatsächlich überzeugt, daß schöpferische Einbildungskraft das uns einzig zugängliche seelische Urphänomen ist, der eigentliche seelische Wesensgrund […].“[127] Und an anderer Stelle: „Die Imagination ist die reproduktive oder schöpferische Tätigkeit des Geistes überhaupt, ohne ein besonderes Vermögen zu sein […]. Die Phantasie als imaginative Tätigkeit ist für mich einfach der unmittelbare Ausdruck der psychischen Lebenstätigkeit, der psychischen Energie, die dem Bewußtsein nicht anders als in Form von Bildern oder Inhalten gegeben ist […].“[128] Und Damasio meint, „man könnte sagen, dass Vorstellungen die Währung unseres Geistes sind“[129].

Bei Fox und bei Jung wird dabei deutlich, dass bewusstes Erleben und unbewusste Einfälle in Resonanz zueinander stehen. Es ist dementsprechend nicht gleichgültig, womit wir uns im Alltag emotional beschäftigen. C. G. Jung ist der Ansicht, dass diese Vorstellungen, Imaginationen, wahrgenommen, „bebrütet" und gestaltet werden müssen, um einen Zugang zu sich selber zu finden, auch in Verbindung mit den Problemen und Herausforderungen der Welt.

Basis des seelischen Lebens ist die Fantasie, die Imagination, die immer vorhanden ist, solange wir leben. Dass die Vorstellungskraft unabdingbar zum Menschsein gehört, kann man auch daran erkennen, dass man sich unser Leben ohne Vorstellungskraft gar nicht vorstellen kann. Es wäre nicht mehr unser Leben, es wäre vielleicht überhaupt kein Leben.

Der Vorstellungskraft verdanken wir die Bilder des Todes, des Abschieds, der Bedrohung; sie ermöglicht aber auch die Erinnerung und besteht in großen Teilen aus Entwürfen in die Zukunft. Sie wird zu Einfällen, die dann realisiert werden müssen, die sich während der Realisation aber auch ständig wieder verändern. Einiges muss immer wieder aufgegeben werden, andere neue Vorstellungen gewinnen Raum, vor allem auch im Austausch mit den Ideen anderer Menschen. Gerade diese immer wieder neuen Ideen, die man in Zusammenhang mit der „Geburtlichkeit" hervorbringen kann, können aber auch Gewesenes in den Hintergrund drängen, zum Verschwinden bringen oder gar zerstören. Geburtlichkeit ist immer möglich, auch in einer Welt, in der vieles immer wieder endet; es gibt immer wieder Neuanfänge, die auch im Gegensatz zur statistischen Wahrscheinlichkeit stehen. Die Frage ist, worauf wir uns beziehen wollen. Einzelne schöpferische Menschen werden kreativer sein, ungewohnte Perspektiven einbringen und damit auch andere „anstecken". In diesem Zusammenhang scheint es mir wichtig zu sein, dass wir nicht nur die Ängste miteinander teilen, sondern auch die Fantasien für ein zukünftiges Leben, das ein anderes Leben sein wird, aber ein lebbares. Vorstellungen, die von Zuversicht getragen sind, sind gefragt, auch wenn vieles sich gerade bedrohlich anfühlt: Es kann auch anders werden, auch besser, die Macht des Unerwarteten ist auch eine Realität. Sich miteinander den Herausforderungen stellen, sich miteinander konsequent auf Möglichkeitsräume beziehen – das führt zu einer zuversichtlichen Haltung, die die Abschiedlichkeit, aber auch die Geburtlichkeit in Betracht zieht. Daraus werden – auch wenn wir uns ängstigen – kreative Vorstellungen, Lust am Neuen.

Anhang

Anmerkungen

1 Vgl. Whitecross & Smithson (2023).
2 Vgl. ebd.
3 Vgl. Arendt (2022), S. 25.
4 Weischedel (1980), S. 196.
5 Ebd.
6 Bosch (2015).
7 Weischedel (1980).
8 Vgl. Marquard (2010), S. 4.
9 Vgl. Weischedel (1980), S. 194.
10 Vgl. ebd., S. 197.
11 Arendt (2022), S. 352.
12 Dies. (2020), S. 463.
13 Ebd., S. 66.
14 Ebd., S. 208.
15 Vgl. Schwarzenau (1984); Kast (2013).
16 Hesse (1997), S. 676.
17 Yalom (1980).
18 Ders. (2008), S. 15.
19 Arendt (2022), S. 744.
20 Vgl. Gadamer (1993), S. 84–94.
21 Ebd., S. 87.
22 Ebd., S. 87; 88.
23 Vgl. Yalom (2008), S. 39ff.
24 Vgl. Kast (2023b), S. 79ff.
25 Vgl. ebd.
26 Yalom & Yalom (2021).
27 Yalom (2015).
28 Jaspers (1932), S. 204.
29 Vgl. ebd., S. 222.
30 Vgl. ebd., S. 221.
31 Ebd., S. 223.
32 Ebd., S. 221.

33 Ebd., S. 222.
34 Ders. (1963), S. 119.
35 Ebd., S. 26.
36 Ders. (1932), S. 222.
37 Ebd.
38 Ebd.
39 Ebd., S. 229.
40 Ebd.
41 Kaléko (2017), S. 7.
42 Maul (2017).
43 Ebd., S. 110.
44 Ebd., S. 112.
45 Ebd.
46 Ebd., S. 120
47 Ebd., S. 127.
48 Ebd., S. 128.
49 Ebd., S. 136.
50 Ebd., S. 136f.
51 Vgl. ebd., S. 150f.
52 Ebd., S 128.
53 Augustinus (1964), S. 77f.
54 Vgl. Marcel (1961), S. 287.
55 Schiess (2005).
56 Ebd., S. 187.
57 Ebd., S. 194.
58 Ebd.
59 James (2022), S. 473.
60 Schiess (2005), S. 195.
61 Ebd.
62 Ebd.
63 Vgl. Aebischer, zitiert in: Meier (1999), S. 108.
64 Vgl. Jörns (1997).
65 Luther, zitiert in: Meier (1999), S. 121.
66 Kaschnitz (1985), S. 504f.
67 Vgl. Williams (1958).
68 Seneca (1999), Brief 26, S. 227.
69 Kästner, zitiert in: Kast (2018), S. 26.
70 Seneca (2008), S. 525.
71 Lukrez (2014), S. 940.

72 Ebd.
73 Vgl. Kast (2013).
74 Kaléko (1997), S. 70.
75 Reckwitz (2021).
76 Sedikides et al. (2006).
77 Vgl. Zhou et al. (2012); Kast (2019a).
78 Vgl. Sedikides et al. (2006).
79 Boym (2001).
80 Vgl. Kast (2024b).
81 Assmann (2018).
82 Vgl. Kast (2014).
83 Jaspers (1932), S. 222.
84 Vgl. Kast (2023a).
85 Vgl. Kast (2015); Black et al. (2024); Owczarski (2021).
86 Vgl. Kast (2024a).
87 Dies. (2015), S. 71.
88 Schreiber (2020).
89 Ebd., S. 15.
90 Ebd.
91 Ebd., S. 25; 26.
92 Ebd.
93 Ebd.
94 Ebd., S. 96.
95 Ebd., S. 181.
96 Ebd., S. 182.
97 Ebd.
98 Ebd., S. 183.
99 Ebd.
100 Ebd., S. 186; 187.
101 Ebd., S. 223f.
102 Vgl. Monroy et al. (2023).
103 Vgl. ebd., S. 1.
104 Vgl. Keltner & Haidt (2003).
105 Vgl. Keltner & Bonanno (1997).
106 Vgl. ebd., S. 698.
107 Vgl. Monroy et al. (2023), S. 1.
108 Vgl. Kast (2019b).
109 Kast (2014), S. 17.

110 Vgl. Black et al. (2014); Black et al. (2016); Black et al. (2020); Owczarski (2021).
111 Vgl. Black et al. (2016).
112 Garfield (1996).
113 Black et al. (2016).
114 Vgl. ebd.
115 Vgl. Kast (2019b).
116 Vgl. Damasio (2011).
117 Für eine ausführliche Beschreibung der komplizierten Trauer mit Beispielen siehe: Kast (2015), S. 187–208.
118 Vgl. Kast (2022).
119 Vgl. Sack et al. (2013).
120 Tedeschi & Calhoun (2004); Calhoun & Tedeschi (2006).
121 Vgl. Lindstrom et al. (2013).
122 Tedeschi & Calhoun (2004).
123 Panksepp & Biven (2012).
124 Ebd., S. 457.
125 Vgl. ebd., S. 317f.
126 Fox et al. (2018).
127 Jung (2012), Briefe I, S. 86.
128 Jung (2023), GW 6, § 792.
129 Damasio (2000), S. 383.

Literatur

Arendt, H. (2022): Vita activa oder Vom tätigen Leben. Hg. von T. Meyer. Erweiterte Neuausgabe. 2. Aufl. Piper, München.

Arendt, H. (2020): Denktagebuch. 1950–1973. Hg. von U. Ludz und I. Nordmann. Piper-TB, München.

Assmann, J. (2018): Das kulturelle Gedächtnis. Schrift, Erinnerung und politische Identität in frühen Hochkulturen. 8. Aufl. C. H. Beck Paperback, München.

Augustinus, A. (1964): Dreizehn Bücher Bekenntnisse. Confessiones. Bd. IV. Übertragen von C. J. Perl. Mit Anmerkungen von A. Holl. 2. Aufl. Schöningh, Paderborn.

Black, J., Belicki, K. & Emberley-Ralph, J. (2020): Internalized versus externalized continuing bonds. Relations to grief, trauma, attachment, openness to experience, and posttraumatic growth. In: Death Studies. https://doi.org/10.1080/07481187.2020.1737274.

Black, J., Murkar, A. & Black, J. (2014): Examining the healing process trough dreams in bereavement. In: Sleep and Hypnosis 16.1–2, S. 10–17.

Black, J., DeCicco, T., Seeley, C. J. et al. (2016): Dreams of the deceased. Can themes be reliably coded? In: International Journal of Dream Research 9.2, S. 110–114.

Bosch, A. (2015): Unsicherheit, Krise und Routine. Zur Rolle der Dinge in der menschlichen Lebenswelt. In: Paragrana 24.1, S. 209–220. https://doi.org/10.1515/para-2015-0019.

Boym, S. (2001): The Future of Nostalgia. Basic Books, New York.

Calhoun, L. G. & Tedeschi, R. G. (2006): The foundations of posttraumatic growth. An expanded framework. In: L. G. Calhoun & R. G. Tedeschi (Hg.): Handbook of Posttraumatic Growth. Erlbaum, Mahwah, NJ, S. 1–23.

Damasio, A. R. (2011): Selbst ist der Mensch. Körper, Geist und die Entstehung des menschlichen Bewusstseins. Siedler, München.

Damasio, A. R. (2000): Ich fühle, also bin ich. Die Entschlüsselung des Bewusstseins. List, München.

Fox, K., Andrews-Hanna, J., Mills, C. & Dixon, M. L. (2018): Affective neuroscience of self-generated thought. In: Annals of the New York Academy of Sciences 1426.1. DOI:10.1111/nyas.13740.

Gadamer, H.-G. (1993): Über die Verborgenheit der Gesundheit. Aufsätze und Vorträge. Suhrkamp, Frankfurt am Main.

Garfield, P. (1996): Dreams in bereavement. In: Barrett, D. (Hg.): Trauma and dreams. Harvard University Press, Cambridge, MA, S. 186–211.

Hesse, H. (1997): Die Gedichte. 4. Aufl. Suhrkamp, Frankfurt am Main.

James, W. (2022): Die Vielfalt religiöser Erfahrung. Eine Studie über die menschliche Natur. Übersetzt von E. Herms und C. Stahlhut. Mit einem einführenden Essay von P. Sloterdijk. 3. Aufl. Verlag der Weltreligionen, Berlin.

Jaspers, K. (1963): Einführung in die Philosophie. Artemis, Zürich.

Jaspers, K. (1932): Philosophie. Zweiter Band: Existenzerhellung. Springer, Berlin.

Jörns, K.-P. (1997): Die neuen Gesichter Gottes. Was die Menschen heute wirklich glauben. C.H. Beck, München.

Jung, C. G. (2023): Kap. XI: Definitionen (1921). In: GW 6: Psychologische Typen. Hg. von M. Niehus-Jung, L. Hurwitz-Eisner, F. Riklin, L. Zander. Sonderausgabe. 6. Aufl. Edition C. G. Jung im Patmos Verlag, Ostfildern, §§ 672–844.

Jung, C. G. (2021): Die psychologischen Grundlagen des Geisterglaubens (1928). In: GW 8: Die Dynamik des Unbewußten. Hg. von M. Niehus-Jung, L. Hurwitz-Eisner, F. Riklin, L. Jung-Merker, E. Rüf. Sonderausgabe. 6. Aufl. Edition C. G. Jung im Patmos Verlag, Ostfildern 2021, §§ 570–600.

Jung, C. G. (2012): Briefe I: 1906–1945. Hg. von A. Jaffé, in Zusammenarbeit mit G. Adler. Sonderausgabe. Edition C. G. Jung im Patmos Verlag, Ostfildern.

Jung, C. G. (2011a): Die praktische Verwendbarkeit der Traumanalyse (1934). GW 16: Praxis der Psychotherapie. Hg. von M. Niehus-Jung, L. Hurwitz-Eisner, F. Riklin et al. Sonderausgabe. 3. Aufl. Edition C. G. Jung im Patmos Verlag, Ostfildern, §§ 294–352.

Jung, C. G. (2011b): Die Probleme der modernen Psychotherapie. In: GW 16: Praxis der Psychotherapie. Hg. von M. Niehus-Jung, L. Hurwitz-Eisner, F. Riklin et al. Sonderausgabe. 3. Aufl. Edition C. G. Jung im Patmos Verlag, Ostfildern, §§ 114–174.

Kaléko, M. (2017): Verse für Zeitgenossen. dtv, München.

Kaléko, M. (1997): In meinen Träumen läutet es Sturm. Gedichte und Epigramme aus dem Nachlaß. Hg. und eingeleitet von G. Zoch-Westphal. dtv-Edition, München.

Kaschnitz, M. L. (1985): Gesammelte Werke in sieben Bänden. Band 5: Die Gedichte. Insel, Frankfurt am Main.

Kast, V. (2024a): Deceased loved ones in dreams. In: E. Brodersen (Hg.): Jungian Keltner, D. & Haidt, J. (2003): Dimensions of the Mourning Process, Burial Rituals and Access to the Land of the Dead. Routledge, Abingdon, Oxon / New York, S. 169–181.

Kast, V. (2024b): Was wirklich zählt, ist das gelebte Leben. Die Kraft des Lebensrückblicks. Neuausgabe. Herder, Freiburg im Breisgau.

Kast, V. (2023a): Immer wieder mit sich selber eins werden. Identität und Selbstwert entwickeln in einer komplexen Welt. 3. Aufl. Patmos, Ostfildern.

Kast, V: (2023b): Träume. Die geheimnisvolle Sprache des Unbewussten. 10. Aufl. Patmos, Ostfildern.

Kast, V. (2022): Autonomie und Unsicherheit in der heutigen Zeit. In: Ermann, M. & Huber, D. (Hg.): Autonomie und Bezogenheit. Neue Entwicklungen aus psychodynamischer Perspektive. Kohlhammer, Stuttgart, S. 11–35.

Kast, V. (2019a): Nostalgie und Aufbruch. Von der Lust, die Welt zu gestalten. Herder, Freiburg, Basel, Wien.

Kast, V. (2019b): Träumend imaginieren. Einblicke in die Traumwerkstatt. Vandenhoeck & Ruprecht, Göttingen.

Kast, V. (Hg.) (2018): Diese vorüberrauschende blaue einzige Welt. Gedichte zu Trauer, Tod und der Liebe zum Leben. Patmos, Ostfildern.

Kast, V. (2015): Trauern. Phasen und Chancen des psychischen Prozesses. 4. Aufl. der erweiterten Neuausgabe, 38. Gesamtaufl. Kreuz, Freiburg im Breisgau.

Kast, V. (2014): Sich einlassen und loslassen. Neue Lebensmöglichkeiten bei Trauer und Trennung. 24. Aufl. Herder Spektrum, Freiburg im Breisgau.

Kast, V. (2013): Freude, Inspiration, Hoffnung. Neuausgabe. Patmos, Ostfildern.

Keltner, D. & Bonanno, G. A. (1997): A study of laughter and dissociation. Distinct correlates of laughter and smiling during bereavement. In: Journal of Personality and Social Psychology 73.4, S. 687–702. https://doi.org/10.1037/0022-3514.73.4.687.

Keltner, D. & Haidt, J. (2003): Approaching awe, a moral, spiritual, and aesthetic emotion. In: Cognition and Emotion 17.2, S. 297–314. https://doi.org/10.1080/02699930302297.

Lindstrom, C. M., Cann, A., Calhoun, L. G. & Tedeschi, R. G. (2013): The relationship of core belief challenge, rumination, disclosure, and sociocultural elements of posttraumatic growth. In: Psychological Trauma: Theory, Research, Practice and Policy 5.1, S. 50–55. DOI:10.1037/A0022030.

Lukrez (2014): Über die Natur der Dinge. In deutsche Prosa übertragen und kommentiert von K. Binder. Galiani, Berlin.

Marcel, G. (1961): Gegenwart und Unsterblichkeit. Knecht, Frankfurt am Main.

Marquard, U. (2010): Abschied vom Prinzipiellen. Philosophische Studien. Reclam, Stuttgart.

Maul, S. (Hg.) (2017): Das Gilgamesch-Epos. Neu übersetzt und kommentiert von S. M. Maul. 7. Aufl. C.H. Beck, München.

Meier, M. (1999): Das Jenseits zwischen Bild und Bildlosigkeit. In: Stapferhaus Lenzburg / Glarner, H.-U. (Hg.): Last Minute. Ein Buch zu Sterben und Tod. Zur gleichnamigen Ausstellung des Stapferhauses Lenzburg. Hier und Jetzt, Baden.

Monroy, M., et al. (2023): The influences of daily experiences of awe on stress, somatic health, and well being. A longitudinal study during COVID-19. In: Scientific Reports 13, 9336. DOI:10.1038/s41598-023-35200-w.

Owczarski, W. (2021): Dreams in bereavement: Case Study. In: International Journal of Dream Research 14.1, S. 30–35.

Panksepp, J. & Biven, L. (2012): The Archaeology of Mind. Neuroevolutionary Origins of Human Emotions. Norton, New York.

Reckwitz, A. (2021): Auf dem Weg zu einer Soziologie des Verlusts. In: Soziopolis – Gesellschaft beobachten. https://www.soziopolis.de/auf-dem-weg-zu-einer-soziologie-des-verlusts.html [Zugriff: 27.5.2024].

Sack, M., Sachsse, U. & Schellong, J. (Hg.) (2013): Komplexe Traumafolgestörung. Diagnostik und Behandlung von Folgen schwerer Gewalt und Vernachlässigungen. Schattauer, Stuttgart.

Schiess, M. (2005): Kämpfen oder vertrauen – sterben lernen. In: Kast, V. (Hg.): Inspirationen für ein gutes Leben. Heil sein – heil werden. Herder, Freiburg im Breisgau, S. 187–195.

Schreiber, J. (2020): Marianengraben. Eichborn, Köln.

Schwarzenau, P. (1984): Das göttliche Kind. Der Mythos vom Neubeginn. Kreuz, Stuttgart.

Sedikides, C., Wildschut, T., Arndt, J. & Routledge, C. (2006): Self and affect. The case of nostalgia. In: Forgas, J. P. (Hg.): Affect in Social Thinking and Behaviour. Frontiers in Social Psychology. Psychology Press, New York, S. 197–215.

Seneca, L. A. (2008): Die Ruhe der Seele. In: Ders.: Schriften zur Ethik. Die kleinen Dialoge. Hg. und übers. von G. Fink. Artemis & Winkler, Düsseldorf.

Seneca, L. A. (1999): Philosophische Schriften. Bd. 3: Ad Lucilium epistulae morales I–LXIX: An Lucilius, Briefe über Ethik 1–69. Hg. von M. Rosenbach. Wissenschaftliche Buchgesellschaft, Darmstadt.

Tedeschi, R. G. & Calhoun, L. G. (2004): Posttraumatic growth. Conceptual foundations and empirical evidence. In: Psychological Inquiry 15.1, S. 1–18.

Weischedel, W. (1980): Skeptische Ethik. Suhrkamp, Frankfurt am Main.
Whitecross, W. M. & Smithson, M. (2023): Curiously different: Interest-curiosity and deprivation-curiosity may have distinct benefits and drawbacks. In: Personality and Individual Differences 213, S. 1–6. https://doi.org/10.1016/j.paid.2023.112310.
Williams, M. (1958): The fear of death. In: Journal of Analytical Psychology 3, S. 157–165.
Yalom, I. D. (2015): Denn alles ist vergänglich. Geschichten aus der Psychotherapie. btb, München.
Yalom, I. D. (2008): In die Sonne schauen. Wie man die Angst vor dem Tod überwindet. btb, München.
Yalom, I. D. (1980): Existential Psychotherapy. Basic Books, New York.
Yalom, I. D. / Yalom, M. (2021): Unzertrennlich. Über den Tod und das Leben. btb, München.
Zhou, X., Wildschut, T., Sedikides, C. et al. (2012): Heartwarming memories. Nostalgia maintains physiological comfort. In: Emotion 12.4, S. 678–684.

Zitatnachweis

S. 47: „Memento“ aus: Mascha Kaléko, Verse für Zeitgenossen. © dtv Verlagsgesellschaft mbH & Co. KG, München 2017. S. 7. Mit freundlicher Genehmigung von dtv Verlagsgesellschaft mbH & Co. KG.

S. 64: „Ein Leben nach dem Tode“, aus: Marie Luise Kaschnitz, Gesammelte Werke in sieben Bänden, Band 5: Die Gedichte. © Insel Verlag, Frankfurt am Main 1985. Alle Rechte bei und vorbehalten durch Insel Verlag Berlin.

S. 72: „Sozusagen grundlos vergnügt“ aus: Mascha Kaléko, In meinen Träumen läutet es Sturm. Gedichte und Epigramme aus dem Nachlass. Hrsg. und eingel. von Gisela Zoch-Westphal. © dtv Verlagsgesellschaft mbH & Co. KG, München 1997. S. 70. Mit freundlicher Genehmigung von dtv Verlagsgesellschaft mbH & Co. KG.

S. 97–102: Auszüge aus: Jasmin Schreiber, Marianengraben. © 2020 by Bastei Lübbe AG, Köln. Mit freundlicher Genehmigung von Bastei Lübbe AG.